World as a Perspective

世界作為一種視野

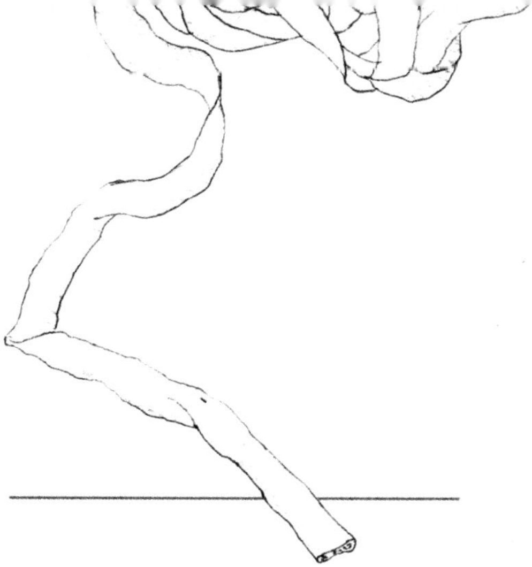

中年哲學
Midlife

寫給所有與不可逆的時間搏鬥的人

基倫·賽提亞 著　　陳信宏 譯
Kieran Setiya

A Philosophical Guide

目次

引言

公元前一世紀有一則故事，牽涉到兩位偉大的拉比（按：猶太教中的宗教導師）。煞買（Shammai）拉比非常嚴格、恪遵教義，而且深懷排他心理。他的對手希列（Hillel）拉比恰恰相反：仁慈、善於變通，而且心胸開放。這則故事講述一名外邦人同意改信猶太教，條件是拉比必須在他以單腳站立的時間內把全部律法傳授給他。煞買不屑一顧，逐退此人，於是這名外邦人轉而找上希列，希列接受了他的要求，說：「己所不欲，勿施於鄰。這就是全部的律法，其他一切都只是注解而已。現在，去學習吧。」[1]

本書以希列的精神寫成，全書一開頭的題詞即是引用他的話語。如同猶太教經典《塔木德》（*Talmud*），哲學也可以很深奧晦澀且難以親近。這不是什麼新鮮事：讀讀康德或亞里斯多德的著作你就會明白。這也不完全是一件壞事。希列沒有摒棄比較嚴格的學術研究：他對那個外邦人說的最後一句話，就是敦促他去學習。但儘管如此，他認為猶太教的訊息可以用簡單的方式傳達，而且這是一件值得嘗試的事，就算因此顯得幼稚也沒關係。

我對哲學也抱持相同信念。如果沒有許多哲學家為了回答最難以解答的問題而深入鑽研，哲學就不可能存續至今。儘管學術哲學充滿爭論、未知，以及各種複雜的問題，但其中蘊藏的智慧足以啟發那些在人生旅途中困惑於如何前行的人。

我之所以投注心力實踐上述想法，理由很個人，而且不只是因為我以教導哲學為生。我開始思考中年的問題是在大約六年前，當時我還年輕，三十五歲。表面上，我的人生相當順遂，擁有穩定的家庭與事業。我在一個聲譽良好的學系裡擔任終身教授，學校位於一座宜人的美國中西部城市。我知道自己很幸運，能夠從事我熱愛的工作。然而，當我放眼展望繼續從事這項工作的未來，依據預期進程所能達到的各項成就，然後退休、衰老，終至死亡，卻讓我不禁感到一陣空虛。我一旦停下腳步思考如此努力打造出來的生活，就會湧現一股不安的感受，混雜了對於過去的緬懷、懊悔、幽閉恐懼、空虛，以及害怕。我是不是陷入了中年危機？

你也許會不以為然，覺得我當時太年輕（也許現在還是？），還不到中年危機的年紀。如果你這樣想，我謝謝你，但你恐怕必須為第二章做好心理準備。何況說到底，我也不同意這樣的想法。壓垮我的是中年的存在主義問題，在三十五歲思考這類問題並不會太年輕。這類問題不管在二十歲還是七十歲都可以提出來，但我認為等你到了我這個年紀，這類問題將顯得格外重要。這類問題涉及失落和懊悔、成功與失敗、你曾期望的人生與你現實中的人生。這類問題涉及死亡和生命的有限性，涉及你在追求目標的過程中所經歷的空虛感——無論你的目標是什麼。歸根結柢，這類問題涉及人生的時間結構（temporal structure）以及存在於其中的各種活動。本書的目標讀者不只是中年人，而是所有與不可逆的時間搏鬥的人。

本書是一部應用哲學作品，是針對中年挑戰所從事的哲學省思。此外，本書將以自助指南的形式呈現。中年帶來的試煉一直被哲學家輕忽，但那些試煉其實充滿哲學趣味，也適合借助哲學家的工具獲得療癒。在十八世紀以前，道德哲學與自助之間原本並沒有明確的界線。[2]哲學家一致認為，思索何為美好人生應該要讓我們自己的人生變得更美好。把這兩個目標分離開來，是較為晚近的創新。今天，極少有哲學家會撰寫自助書籍。即使有哲學家撰寫這類書籍，也大多是援引古典哲學作品，通常出自古羅馬斯多噶主義者、西塞羅（Cicero）、塞內卡（Seneca）與愛比克泰德（Epictetus）等人，彷彿哲學在兩千年前就失去了與人生的相關性。我不是採取回溯歷史的做法。我雖然也會提及往昔的哲學家，有古代人也有現代人，但不是把他們視為充滿智慧的聖人，而是談話的對象，幫助我解決自己的問題，而且我希望也會對你有所幫助。

本書與一般標準的自助書籍不同，部分原因是本書更關注於如何看待你的人生等根本性問題，另一部分則是本書較不重視外部的變化。對於我們大多數人而言，在中年要開展新事物並不會太遲，儘管我們經常會有太遲的感覺。不要被中年帶來的時光飛逝錯覺所蒙蔽，你擁有的時間其實比你以為的要多。何況市面上已有其他書籍針對想在五十歲轉換職業跑道或是在四十五歲仍單身的人提供務實的建議。我要提供的不是這類建議，但我會嘗試提出其他建議，並傳遞受到哲學思想啟發的中年生活調適策略。如果是眾所熟悉的建議，我會探究其背後的哲學概念；如果是鮮為人知的建議，我則會論證其正確性。

在執行上述做法時，我假定讀者不需要擁有先備知識。我試圖寫一本你可以在單腳站立時就讀完的書：刪繁就簡，追求扼要，不求完備。以下各章所探討的，實際上只是眾多中年危機當中的其中幾個面向。許多人覺得人生太累、充斥太多需求，這種感覺是第二章關注的焦點。為了化解這種想法，我們將會探究理性、價值觀與美好人生這些源自亞里斯多德的概念，也會學到做你不必做的事有何重要性。許多人覺得自己被囚禁在當下的人生裡（無論人生有多幸福），並清楚知道自己已失去其他不同選項，這種感覺是第三章的主題。我們將會學到擁有選項為何常被過度高估，以及錯失其實也不無好處。第四章探討許多人會有的下面這種感覺：自己的過去是一段不完美但已無可改變的時光，因此只能學習接受。我們將會學到你在什麼時候以及為什麼應該要對自己過去所犯的錯感到慶幸。第五章探討時光飛逝或者時日所剩無多的感覺，也就是意識到自己終將一死。我們將會檢視恐懼死亡的哲學療法。此外，我們日復一日、年復一年必須不斷處理的各項任務，也難免讓人感到重複與疲乏，這是第六章的主題。我們將會學到何謂活在當下和這種做法如何能夠化解你的中年危機，以及冥想為什麼會有幫助。

在開始找尋答案之前，我們在第一章會先談中年危機這個問題的歷史。我們會先探究中年被視為危機時期的刻板印象從何而來，並挖掘其稍早前的發展軌跡。我們也將追蹤它在現代的轉變過程，如何從令人頭暈目眩的創傷演變成可控的輕微不適。此外，我們也將為哲學在中年危機的討論中找到一席之地。當代哲學家太少關注老化過程，也太少關注童年、中年與老年的生理和時間狀況。這種情形應該要有所改變了。

第一章

中年危機簡史

詩人暨圖書館員拉金（Philip Larkin）寫道：「性交始於／一九六三年／（對我而言實在遲到太久了）。」[1]我們也能夠以相同的精確度指出中年危機的起源時間。一九六五年，精神分析學家賈克（Elliott Jaques）發表了創造出這個詞語的論文：〈死亡與中年危機〉（Death and the Mid-Life Crisis）。[2]為剖析此一危機，賈克引述了一名三十五歲左右的病患所說的話：

「一直以來，」他說：「人生看起來像是一道無窮無盡的上坡，前方唯一看得到的只有遙遠的地平線。現在，我像是突然爬到了山頂，面前出現的是一道下坡，而且一眼就能望見道路的盡頭。雖然那個盡頭其實還很遠，但是盡頭處已可清楚看見死亡的影子。」[3]

如果你正在閱讀這本書，你很可能會對他描述的時刻頗有共鳴。你對這種感受應該不陌生，無論你是不是真的有這種感受。你已經活了夠長的時間，長到足以問：「人生難道就這樣了？」長到必定犯過一些嚴重的錯誤，長到半自豪半懊悔地回顧自己曾獲得的勝利以及所遭遇的失敗，長到以惆悵的眼神斜視你失去的其他選項，也就是那些你沒有選擇也無法擁有的人生，長到開始望向人生的盡頭，雖非迫在眉睫但也不算太遠，衡量其距離的單位你現在已有領悟：再四十年，如果幸運的話。

你不是第一個有這種感覺的人。我們有一些當代案例，例如電影《美國心玫瑰情》（*American Beauty*）當中的伯納姆（Lester Burnham），他辭掉工作、買了一輛跑車，並且對自己青春期女兒的誘人朋友心生慾念。[4]但也有其他早許多的案例，像是約翰．威廉斯（John Williams）在一九六五年出版的《史托納》（*Stoner*）這部深富洞見的小說，其中的主角在四十二歲那年因為婚姻失敗，加上職涯發展陷入停滯，以致「看不出未來有任何令他期待的事物，過去也沒什麼值得他懷念的東西」。[5]難怪他會進入一段似乎不可避免的婚外情。另外一個例子，是卡繆一九四二年作品《薛西弗斯的神話》（*Myth of Sisyphus*）裡面的荒謬之人。荒謬之人的存在主義危機並非與生俱來，而是在「一個人注意到或者說起自己已經三十歲的時候」才會出現。

他承認自己站在一條曲線的某個點上，並且認知到自己必須走到那條曲線的終點。他從屬於時間，而這股攫住他的恐懼感，讓他認出了自己最可怕的敵人是誰。明天，他渴望明天，但他體內的一切卻都必須抗拒明天。肉體的反抗即是荒謬所在。[6]

再舉一個例子：威爾斯（H. G. Wells）的《波利先生的故事》（*The History of Mr. Polly*）。這則帶有黑色幽默色彩的故事，講述一名厭倦人生的商店老闆原本打算自殺但失敗收場，反倒因此成為地方上的英雄人物——因為他撲滅了自己放的火；結果，這個意外促使他展開新生活。[7]這本書出版於一九一〇年。

如果中年危機的表徵早在它於一九六五年得名時就已存在，那麼我們對於這一現象本身到底可以追溯到多久之前呢？令人意外的是，賈克所舉的例子主要都不是取自他的臨床經驗，而是來自藝術創作者的人生。一種頻繁出現的情況引起他的注意，亦即許多藝術家都在三十七歲前後步入創作停滯或者轉型。羅西尼（Gioachino Rossini, 1792-1868）最成功的歌劇都完成於三十七歲之前，包括《塞維亞的理髮師》（*The Barber of Seville*）乃至《威廉泰爾》（*William Tell*）；他後來雖然又活了四十年，卻幾乎沒有再作過曲。歌德（1749-1832）在三十七歲展開一趟為期兩年的義大利之旅。他最傑出的作品都寫於這趟旅程之後，且深受古典作品影響，如悲劇《浮士德》（*Faust*）。就連米開朗基羅（1475-1564），中年時也沉潛了一段時間，在四十至四十五歲之間幾乎完全沒有提起畫筆，之後則是創作出美第奇家族紀念雕像與〈最後的審判〉。

猜測數百年前已去世藝術家的心路歷程，這種做法也許會讓你覺得挺輕率的。但我還沒說完呢。埃里耶斯（Philippe Ariès）對於輕率的猜測也不陌生，這位認為童年是一種現代發明的史學家指出，中年時期的個人失敗感可以追溯至「中世紀晚期那些握有財富、權勢或學問之類人士」的感悟，這些人擁有普通社會成員不敢奢望的抱負。[8] 想想三十五歲的但丁寫下的詩句：「在人生旅途的半路上，我發現自己／身在陰暗的樹林裡，找不到正確的道路。」[9]

中世紀史學家瑪麗．朵夫（Mary Dove）在《人生最完美的年紀》（*The Perfect Age of Man's Life*）一書中描繪了一幅非常不一樣的圖像，她引用《農夫皮爾斯》（*Piers Plowman*）以及《高文爵士與綠騎士》（*Sir Gawain and the Green Knight*）這兩部中世紀英格蘭敘事作品，其中援引了亞里斯多德的理論，認為中年是人生的黃金時期，身體的發展在三十至三十五歲達到顛峰，心智則是在四十九歲。[10] 另有人質疑埃里耶斯追溯得還不夠久遠。精神治療師珍．波登（Jane Polden）在二〇〇二年出版了《新生》（*Regeneration*）這本探討中年危機的著作，她以荷馬史詩《奧德賽》（*Odysseus*）中奧德修斯（Odysseus）的故事作為她的典範案例。[11]這才是如假包換的中年危機！婚姻不忠、酗酒、心愛的母親去世，最後還需要做一些深度家庭諮商。但平心而論，波登是把奧德修斯的故事當成一則隱喻，而非實例。就我所知，被拿來作為中年危機真實先例的最早文本，出自埃及第十二王朝，在公元前二〇〇〇年左右：那是一個厭世的人與自己的靈魂所進行的一段對話——但就我看來，他厭倦的是發生在他身邊的各種不公不義，而不是自己人生中的不足。[12]

上述這段中年危機前史給予我們的真正啟示，並不在於中年危機自古以來一直存在，而是在於中年危機這一概念對我們想像力的強烈影響。我們極易把自己對於中年危機的想像，投射到那些生活方式與我們完全不同的人物身上。我在本章所要講述的中年危機史，不會從人類誕生開始講起，這不利於我們進行解讀，我將要講述的是這一概念從一九六五年出現以來至今的發展，這容易掌握得多。中年危機的概念雖已快速普及，卻一直面臨一道揮之不去的指控，亦即中年危機只是一種想像，實際上根本沒有這種東西。

中年危機概念的興衰

儘管有些著名的前例，包括精神分析師伯格勒（Edmund Bergler）在一九五四年出版的婚外情研究《中年人的反抗》（*The Revolt Of The Middle-Aged Man*），[13]但中年危機一詞實際上誕生於一九六五年。這個概念在其早期階段，不僅前景光明，且成長迅速。

一九六六年，耶魯心理學教授李文森（Daniel Levinson）針對四十名年齡介於三十五至四十五歲之間的男性展開一系列的訪談。他想知道他們是否面臨和自己一樣的中年抑鬱。得出的成果是一幅呈現成年男性各發展階段的假想圖，並且在一九七八年出版為《男人的人生四季》（*The Seasons of a Man's Life*）一書。[14]同一年，任職於加州大學洛杉磯分校（UCLA）的精神科醫師顧爾德（Roger Gould）出版其著作《轉變：成年人生的成長與變化》（*Transformations: Growth and Change in Adult Life*）。[15]他撰寫這本書同樣是受到個人經驗的啟發：在實現了一個長久以來的夢想，與太太在洛杉磯買下屬於自己的房子之後，卻出乎意料地因此陷入憂鬱。實現這個夢想為什麼會讓他們這麼不快樂？在個人創傷的困擾下，顧爾德做出了典型的社會科學家反應：進行研究，把一份自我評估調查表發給五二四個人，其中有男有女，年齡介於十六至五十歲之間。和李文森一樣，顧爾德的目標也是找出普遍存在的發展與成長階段，其中之一就是中年特有的內心動盪。

但一九七六年才是中年危機這個概念正式成熟之時，或者說它經歷了一場文化上的成年禮。兩年前，記者蓋兒・希伊（Gail Sheehy）為了替《紐約》雜誌（*New York*）撰文而訪問了李文森與顧爾德。之後她毫不浪費時間，在他們還在分析資料的時候，便寫出了《必經之路：成年生活可預測的危機》（*Passages: Predictable Crises of Adult Life*）這部著作，部分內容來自她對二十幾歲、三十幾歲與四十幾歲成人的訪談。[16]這本書大受歡迎，自出版以來已經翻譯成二十八種語言，銷量超過五百萬冊，而且在美國國會圖書館於一九九一年針對讀者進行的一項調查中，這本書被列為當時十大最具影響力的書籍之一。

希伊表示，德國精神分析師艾瑞克森（Erik Erikson）對她影響最大。艾瑞克森在一九五〇年出版的《童年與社會》（*Childhood and Society*）是將人生從出生到老年，視為一系列獨特且連續階段來分析的最早嘗試之一。[17]艾瑞克森劃分了八個階段，每個階段各有其自身的難題：在嬰兒期是信任或不信任的問題、成年初期是親密或孤獨的問題，而在介於三十五至六十四歲之間的成年期第二階段，則是生產繁衍或停滯不前的問題。（所謂「生產繁衍」，艾瑞克森指的是這一代人對於下一代人的情感投注。）至於李文森與顧爾德對她的影響有多大就比較有爭議。顧爾德在一九七五年對希伊提告，希望阻止她的書出版，認為她竊取了他的想法，最終雙方以一萬美元加上一〇%版稅的條件和解。從後來的銷售量來看，這顯然是一筆不錯的交易。但希伊的著作之所以影響巨大，不單只是因為搶先出版。她擅於寫出有記憶點的語句，諸如「識得愁滋味的二字頭年紀」、「三十歲瓶頸」、「十年大限」，而且喜歡進行概括性描寫，使《必經之路》讀起來宛如在看一張呈現美國人自我認知的快照。

在她捕捉的這張快照裡，中年危機顯得格外突出。希伊主張，我們一旦進入中年，就會感受到時間正在不停流逝。對於女性而言，三十多歲與四十多歲是她們人生中的一個交叉路口。在一九七四年，四十歲的女性大多沒有大學學歷，而她們的子女又已到了長大離家的年紀。她們必須規劃並展開第二人生。對於男性而言，年滿四十意味著必須告別那些不切實際的夢想，以及馴化、轉移年輕時期的雄心壯志。無論這張快照是否真實反映現實，總之它迅速流行起來。儘管世界後來出現了許多變化，像是在教育、職場和家庭等方面都變得更加平等，但這些變化並沒有消除希伊在一九七六年所發現或者說發明的刻板印象，反而導致女性也需開始面對原本專屬於男性的典型中年困境：陷入停滯的職業生涯、消逝的青春，以及冷淡的婚姻。

至於中年危機的普遍程度，希伊則是含糊其詞，儘管她的書寫用語大多籠統一概而論，顯然也預期讀者會認同她的訪談對象。其他人的措詞就沒那麼保留。芭芭拉．弗里德（Barbara Fried）於一九六七年出版的《中年危機》（*The Middle-Age Crisis*），是一本被忽視的中年迷思經典，心理學教授史坦（Morris Stein）在為該書所寫的序言裡說，中年危機「無所不在」：

> 我們每個人都會以自己的方式經歷中年危機，體驗的強度因人而異，最後大多能夠從中脫困，度過餘下的歲月。這是一個「自然」發展出來的危機，也是無可避免的危機。[18]

撇開這些嚇人的文句不談，那本書所描繪的是一幅社會或生物面向的既定命運圖像。無論男女，我們都生來注定必須經歷中年危機，所以問題不在於中年危機是否會出現，而是什麼時候出現。我們最好預先做好準備。

到了一九八〇年，中年危機的概念已廣為人知，在流行文化裡占有穩固又醒目的地位。這已是一個毋須解釋的概念，也是各種挖苦玩笑與心照不宣的評論所指涉的對象。即使你沒有經歷中年危機，也能在無數的小說中讀到這種現象，無論是海勒（Joseph Heller）的《煩惱無窮》（*Something Happened*），還是多麗絲·萊辛（Doris Lessing）的《黑暗來臨前的夏天》（*The Summer Before the Dark*）。[19]甚至還有一款相關的桌遊可以玩。在一九八二年推出的「中年危機」（Mid-Life Crisis）桌遊中，玩家可以選擇究竟是要追求穩定、累積財富、管理壓力，還是要宣告進入中年危機，從而陷入破產、離婚，乃至精神崩潰。

認知層面就講到這裡。真實情況呢？事實上，真實情況難以確知。我們有李文森、顧爾德與希伊所做的研究，卻沒有什麼系統性的資料。你如果四處打探，很容易可以找到一些趣聞軼事作為中年危機存在的證據，但這樣的證據不太科學，而且時至今日無疑也受到了扭曲，因為一般人自不免傾向於以社會主流用語來說明自己的狀況。中年危機是個現成的概念，是一項能用來理解自己同時向別人描述自己的工具，而且這項工具還能幫助你開脫令人無法接受的行為，因此更添吸引力。你想我怎樣？我正在經歷中年危機耶！

針對這一現狀最具意義的挑戰始於一九八九年，當時麥克阿瑟基金會成立了「成功中年發展研究網」（Research Network on Successful Midlife Development），由社會心理學家布瑞姆（Orville Gilbert Brim）主持。這個網絡匯集了來自不同領域的十三名研究人員，包括心理學、社會學、人類學與醫學。其主要工作是一項龐大的研究，主要在一九九五年進行，名為「美國中年」（MIDUS）。「美國中年」的調查針對了七千名以上、年齡介於二十五至七十四歲之間的人士，內容包括一場四十五分鐘的電話訪談與一份耗時兩小時的問卷。用於分析資料的調查工具包含了超過一千一百個項目。這樣的規模非常巨大。儘管其中有些意料之中的乏味發現（其中一項結果顯示：「生理健康評價在中年時期變得較為負面。」欸，這還用說嗎？），但「美國中年」調查大幅改變了社會科學的主流看法。因此，在二〇〇〇年前後，中年危機這一概念也在它形成三十五年左右時遭遇了自身的中年危機。

「美國中年」說了些什麼？布瑞姆與心理學教授卡蘿．萊夫（Carol Ryff）和哈佛醫學院醫療政策教授凱斯勒（Ronald Kessler）這兩位同僚，在二〇〇四年編纂了《我們有多健康？》（*How Healthy Are We?*）這套書，針對調查結果進行仔細地總結，並得出光明的展望。他們指出：「在大部分的情況下，調查結果呈現的老化形象很正面：相較於青年與中年時期的成人，年長成人回報的正面情緒程度較高，負面情緒程度較低。」[20]還不只如此：「年齡與重度憂鬱症呈負相關，年齡愈大的成人罹患這種疾病的可能性愈低。」[21]這份報告顯示人從少年到中年乃至後續的人生是一段穩定或者逐漸改善的過程。調查結果終於在一九九九年首度公開之後，《華盛頓郵報》製作了一個專輯，標題為「中年沒有危機」。《紐約時報》的頭條標題則是：「新研究發現中年是人生黃金時期」。

康乃爾大學社會學家依蓮．威辛頓（Elaine Wethington）針對七二四名原始研究參與者進行了一項後續研究，專注於檢視心理上的轉捩點。四十歲以上人士只有二六%表示自己曾經歷中年危機，男女比例大致各半。[22]這樣的情況實在算不上盛行或普遍。何況即使是二六%這個數據也有誤導之嫌。後續分析指出，回答這項調查的人士對於所謂中年危機是採取高度寬鬆的定義，他們把這個詞語用來描述那段年紀中所經歷的任何艱困時期。換句話說，中年不免會遇到一些鳥事，不管是子女、父母、工作或者健康方面。如果你把上述狀況都歸為中年危機，那中年危機就影響了全美人口的四分之一左右。但上述狀況很可能和意識到生命有限、人生苦短，乃至悔不當初、時不我與或壯志難伸的感受都無關，更別說年齡了。

其他研究似乎也證實了「美國中年」的結論。二〇〇一年，布蘭迪斯大學（Brandeis University）心理學教授瑪吉．拉赫曼（Margie Lachman）編纂了《中年發展手冊》（*Handbook of Midlife Development*）這部詳盡著作，厚得足以拿來當作門擋。手冊裡收錄的一篇文章指出：「調查一再發現，相較於年紀較輕的人，中年人的心理症狀較少……婚姻滿意度較高，對於人生的滿意度與掌控度也是……健康情形整體而言也相對良好。」[23]另一篇文章則指出：「終生發展心理學（life-span developmental psychology）最令人百思不解的謎團之一，就是中年危機的迷思。」[24]新的共識逐漸形成，中年的形象開始改頭換面，變成一段充滿能力與個人成長的時期，而非充斥著不確定或倒退。到了二〇一〇年，經常批評一九七〇年代刻板印象的蘇珊・惠特伯恩（Susan Krauss Whitbourne），在她的著作《尋求滿足》（*The Search for Fulfillment*）中，有一節專門探討「中年危機迷思」，其中部分內容是根據一份縱貫性研究，該研究的對象是紐約上州羅徹斯特大學的三百五十名學生。[25]

就某種程度上而言，對中年危機的反彈是對其誇大扭曲形象的過度反應。這個用語聽起來十足負面：危機一詞聽起來彷彿災難。此外，認為中年危機普遍存在的那些主張（如前面史坦所說：「中年危機無所不在」），往往站不住腳，也缺乏實證依據。一九九〇年代晚期的發現，有力駁斥了這種創傷廣泛存在的敘事。但中年危機絕非被視為全然負面，即使是那些提出中年危機說法的人士也並非如此想。從一開始，賈克就把中年危機與轉變以及創造力的重生連結在一起。他的論文對畢爾德（George Miller Beard）的《美國人的焦慮》（*American Nervousness*, 1881）提出了修正，因為畢爾德在那本書裡假定「神經衰弱」是屬於受教育階級的疾病，並且認為人的藝術創造力從三十九歲開始就會迅速衰退。[26]和賈克一樣，希伊也認為中年仍有正向改變的潛力。他們兩人都沒有把中年危機說成是一種純粹的生物現象，單純起因於年齡，而非產生自中年面對的各種境遇變化。此外，他們兩人也都沒有主張中年危機為普世皆然，或是必須普世皆然才算真實存在。如果說四十至六十歲之間的成人有一〇%會受到某個危機影響，那這個危機就值得好好思考。

然而，中年危機在社會科學的運勢無疑已走下坡。如今，學者已能夠將其視為一則都市傳說，一個廣為流行的虛構故事，而非一項心理學事實。如果中年危機這一概念要在晚年繼續興盛，就必須自我改造，捨棄其心理學的夥伴，更改職業跑道。實際上的發展也正如同上述所言。在需要有個新開始的情況下，中年危機遇見了幸福經濟學這門新學科。

人生四十才開始

發展經濟學原本幾乎完全只聚焦於國民生產毛額或國內生產毛額，但後來轉向一套比較廣泛的衡量標準，現在廣受各國政府、聯合國和世界銀行青睞。轉向過程是一段引人入勝的歷史，但這裡不適合多說。對本書而言，這段歷史最重要的部分，是哈佛經濟學家暨哲學家沈恩（Amartya Sen）在一九八〇年代所做的研究，後來促成聯合國開發計畫署（UN Development Program）採用人類發展指數（Human Development Index）。沈恩呼籲，我們應當衡量的不是財貨，而是能力，亦即人類潛力所能達成的成就。人類發展指數就是上述方向的一種初步嘗試，把每個國家的國內生產毛額和預期壽命以及教育程度綜合成一個數字，首度發布於一九九〇年。在接下來的二十年間，幸福經濟學領域冒出大量研究成果，另有大量研究報告著力探討不同社會脈絡與人口環境下，其成員的當下幸福感和總體人生滿意度情況。經濟學不再只是關於財富。

有一項研究尤其改變了中年危機的命運，也可能改變了其意義。二〇〇八年，達特茅斯學院（Dartmouth College）的布蘭奇弗勞爾（David Blanchflower）與華威大學（University of Warwick）的奧斯沃（Andrew Oswald），這兩位經濟學家發表了一篇文章：〈幸福感在人生週期中是否呈U形曲線？〉（Is Well-Being U-Shaped over the Life Cycle?）。[27]他們仰賴的多項調查，分別向不同年齡的成人提出下面這個問題：「總的來說，你目前對自己的人生有多滿意？」針對所得、婚姻狀況和就業情形進行調整後，布蘭奇弗勞爾與奧斯沃發現，受調者回報的幸福程度隨著年齡增長而呈現出微彎的U形曲線，成年初期的起點位置很高，到了老年，終點位置又更高，至於最低點則是平均出現在四十六歲。此一模式可見於全世界七十二個國家。男女的曲線相似，而迴歸分析也排除了為人父母的壓力這項解釋。這條U形曲線既普遍又顯著，而且在心理上真實存在。中年危機這個概念在它四十三歲這一年獲得了新生。

但其中還是有一些值得質疑的地方。尤其是橫斷性研究呈現出來的簡要圖像，並無法駁倒「世代效應」（cohort explanation）這一說法，即那條U形曲線不是由年齡及其伴隨的影響所導致，而是因特定時代出生的人群經歷了相似的人生軌跡。舉例來說，我們可以推測，一九六〇年代的中年危機並非來自中年本身，而是源於這群人恰好在中年時期被捲入反文化風暴的中心，而感到無所適從。至於當前的危機，則是受到不平等日益擴大、經濟衰退和就業市場緊縮等因素的影響。也就是說，社會脈絡在理解中年危機時至關重要。然而，布蘭奇弗勞爾與奧斯沃已考量到這類社會因素並在研究中做了相應修正。此外，U形曲線也在縱貫性研究中獲得驗證，這些研究追蹤了同一群人的逐年變化。[28]結論是，U形曲線的根源並非來自出生日期或社會狀態的差異，而是年齡增長所帶來的結果。

最古怪的一次實證研究，是二〇一二年一項對類人猿進行的調查。[29]研究者邀請動物園管理員、志工和保育員來評估年齡各異的兩群黑猩猩與一群紅毛猩猩的情緒狀態、社會滿意度和目標達成度。在此過程中出現了一個有趣的插曲，「第四項：請評估者表述自己如果成為研究對象一週，快樂程度將有多高。」（要是一覺醒來發現自己變成了猩猩，應該會深感苦惱才對吧！）儘管這類問題不易回答，但不同評估者的答案高度一致，顯示這些數據並不是基於個人主觀看法得出的。針對性別與樣本進行調整後，靈長類動物學家發現類人猿的快樂程度依年齡差異形成一條微彎的U形曲線。

這篇發表於《美國國家科學院院刊》（*Proceedings of the National Academy of Sciences*）的文章，最引人注目之處也許是其標題：「類人猿中年危機的證據，和人類幸福感的U形曲線一致」。毫不意外，這樣的誇大修辭引起媒體報導跟風仿效，包括《國家地理》雜誌與BBC，乃至幾乎每一份大報，都以「猩猩也有中年危機」為題。根據這項新詮釋，中年危機是指當人步入中年時，其人生滿意度會出現的可預期下滑情形，而不是原本中年迷思所以為的那種令人心煩意亂的焦慮。

我們在後續章節將以上述眼光來看待中年危機。中年危機是與中年相關的一種人生相對不快樂階段。但與此同時，曲線為U形並不代表人生不會走向比較極端的狀況。如果平均而言人生滿意度在四十六歲最低，而且差距就在這個年紀的前後附近（有小部分比例的人高於平均值，有小部分比例的人低於平均值），我們即可預期情緒創傷會差不多在同一個年齡層達到高峰。這就是布蘭奇弗勞爾與奧斯沃看見的情況。他們檢視一份英國勞動力調查報告中憂鬱和焦慮的發生率，發現發生率的最高點出現在四十五歲左右，大約是青少年的四倍，更年長者的三倍。人生在中年崩潰的可能性遠高於其他時期，儘管大多數人都能夠安然度過。

針對U形曲線提出解釋的嘗試，雖然具有試驗精神，卻往往喚起傳統刻板印象。喚起最多這類刻板印象的解釋出自德國經濟學家施萬特（Hannes

Schwandt）手筆。他針對縱貫性資料進行研究，那些資料在一九九一至二〇〇四年間追蹤了二萬三千人，年齡介於十七至八十五歲之間。受調者都被問及對目前整體人生的滿意度，以及他們預期自己五年後的滿意度會有多高。施萬特發現年紀較輕的人通常會高估他們對未來的滿意度，中年人則是會低估對老年的滿意度。因此，中年不但比預期的狀況來得糟，同時又降低了對未來的期待，所以才會形成U形曲線當中的低谷。施萬特提出了一個數學模型，主張人們對過去人生的滿意度是取決於他們當前的生活狀況，同時還受到對未來的樂觀情緒以及對現狀的失望情緒所影響。「總體而言，」他寫道：「這些調查結果顯示，對工作的滿意度（以及對整體人生的滿意度）之所以在年齡上呈現U形曲線，是未能實現抱負所造成的結果，因為人在中年會深切感受到那樣的挫敗，但到了老年則會捨棄抱負，而不再感受到那麼強烈的懊悔。」[30]因此，快樂的關鍵在於控制自己的期望。（看來這時候正適合向你提出警告：你手上的這本書非常平庸。）

施萬特的解釋呼應了賈克、希伊、李文森與顧爾德的看法；亦即老調重彈了「美國中年」調查尚未出現之前的典型意見。他的解釋是一種容易讓多數人滿意的平衡之論。但不是所有人都信服。那條傳奇U形曲線，無論是其真實性還是重要性，都一直存在爭議。惠特伯恩在宣告中年危機為迷思後，即自行針對五百名成年人從事一項調查，結果未能再現那幅人生整體滿意度在中年時期陷入低谷的圖像。[31]惠特伯恩還進行了另外兩項測試，一項要求受調者評估自己當前的生活有沒有意義，另一項詢問他們正投注多大的心力追尋意義。結果發現，人們對意義的追尋從三十歲開始，隨著年齡的增長（經過四十、五十到六十歲）呈現持續下滑的趨勢，對生活有沒有意義的感受則是穩步上升。惠特伯恩指出，就人生意義而言，變老帶來的是正面影響。

於是，中年危機在年屆五十之際恢復了健康，但前景仍模糊不清，而我也剛滿四十歲，是個娶妻生子並且獲得終身職的教授，寫了兩本書，發表了二十幾篇論文。我雖然還是喜愛哲學這一行，卻少了十年前的那種熱情。成就帶來的新鮮感已經消退：像是第一次出版作品、第一次舉辦講座、第一次站上講臺。我會完成目前正在寫的論文，這篇論文最後會發表，然後我會再寫下一篇。我會教導這些學生，他們畢業後會走向人生的下一個階段，然後我會再教導下一批學生。未來就像一條玻璃隧道：我只能看著人生的多樣性漸行漸遠。我的兒子會長大，我太太和我會變老。我的身體開始發出嘎吱聲，皮膚也變得鬆弛；背痛成為了忠實夥伴，而不是偶爾才來的訪客；我開始使用站立式書桌。父母年齡愈來愈大，健康狀況每況愈下。我感受到生命的有限：未來的日子所剩無多，時間過得飛快。

實際上有可能更糟。我有可能厭惡自己的工作，或是遭到開除，或是不但厭惡自己的工作而且又遭到開除。我的太太有可能棄我而去；我也有可能想要離開她。我有可能因為沒有子女而感到人生空虛，也可能因為子女太多而無法招架。我有可能生活在貧窮、饑荒或者戰爭當中。我承認有中年危機其實是一種奢侈，內心不免感到一定程度的內疚與慚愧。我為什麼不能對自己擁有的一切抱持更多的感恩？但這就是我的人生。我正身處於U形曲線的低谷，需要有人幫助。說不定你也和我一樣。

本書試圖以某種方式提供那樣的幫助。本書是一本自助書籍，因為我企圖藉由撰寫這本書幫助我自己，同時希望對我有幫助的事物也能夠對你有所幫助。這是一本從我個人的內在思考來探究中年危機的著作，同時我也秉持「寫你所知」的精神，從哲學的角度進行探究。中年危機是不是已準備好迎接賈克所想像的那種第二階段創造力大爆發？中年危機是不是已準備好面對「一套悲劇性與哲學性內容」的出現，最後終將迎來老年的平靜安詳？[32]

悲劇性與哲學性

如同先前這段簡史所顯示的，中年研究是一項跨學科的工作。這類研究匯集了醫生、社會科學家、心理學家、記者，以及其他各領域人士。而到目前為止，哲學家明顯缺席了。儘管自從西方哲學在二千五百年前於雅典誕生以來，哲學家就一直不斷努力思索如何過得幸福與擁有美好人生。柏拉圖的《理想國》是一部對話錄，探討在最美好的人生當中正義扮演何種角色。在《尼各馬科倫理學》（*Nicomachean Ethics*）裡，亞里斯多德主張美好人生就是依據理性從事合乎美德的活動。他以「eudaimonia」一詞指稱幸福或人的完滿實現，後來心理學家也採用這一詞彙，藉此區分著重自我實現的「意義式幸福」（eudaimonic well-being）與追求愉悅經驗的「享樂式幸福」（hedonic well-being）。[33]但在心理學文獻中，亞里斯多德的這些概念通常只是被略略帶過，他的主張並沒有受到充分討論。

我無意抱怨哲學家對中年危機的忽視。雖然哲學家必定經常感受到這種危機，但他們很少探討中年危機，至少是不太提及這個名詞。他們走在U形曲線的低谷，但大多不會對其進行哲學思索。（一個值得一提的例外是哈米爾頓〔Christopher Hamilton〕，其引人入勝的類回憶錄《中年》〔*Middle Age*〕，為本書靈感來源之一。）

如果我們一提到中年危機所想到的都是存在主義式的問題，都是關於人生價值與意義的問題，那哲學家為什麼會對這些問題視而不見？我認為這並非偶然。除了西方哲學往往對於老化與肉體衰敗這類骯髒事實不屑一顧之外，中年問題的確也更適合由其他學科來處理。哲學家雖然可以探究社會科學的哲學、檢視「美國中年」以及其他研究所採用的方法論和概念基礎，但哲學家在中年經驗的實證研究方面並不特別擅長。此外，中年危機有其自身的歷史、社會和人口特徵，因種族、性別和經濟階級的不同而有所差異，但哲學家喜歡探問的是那些看似永恆、普世的問題。柏拉圖與亞里斯多德問道：「對人而言，什麼樣的人生是最美好的人生？」在《純粹理性批判》中，或許可以算是啟蒙時代最偉大哲學家的康德堅決主張，「無論是思辨理性還是實踐理性……其整體關注」都可以歸結為三個問題：「我能知道什麼？」、「我應該做什麼？」以及「我可以希望什麼？」[34] 此處，這些問題的普世性，反而透過它們的第一人稱形式展現出來，成為每個人都可以問自己的問題。

然而，儘管表面上看似如此，這些問題其實並非永恆不變。我的意思不是說這些問題在不同歷史時期是以不同方式被理解，雖然這可能是真的。我的意思是，這些問題反映了特定的時間性視角。當康德問「我應該做什麼？」時，他的視角是前瞻性的、著眼於未來的，並且他的方法是務實的。而當亞里斯多德問「什麼是人的幸福？」時，他是想像從一個外部視角來回顧一個完整人生。因此，亞里斯多德引用了雅典政治家梭倫（Solon）的話：「在一個人還沒死之前，絕對不要說他幸福。」他甚至擔心這樣還等得不夠久。[35]他認為一個人在死後發生的事情，對於評價這個人是否過了理想的一生也不是無關緊要的。一個人的事業如果崩塌了，我們可能會說：「可憐的傢伙，看看他當初推動的計畫變成了什麼樣子。」

無論是「我應該做什麼？」這種關於未來的前瞻性問題，還是「什麼是美好人生？」這種從外部看的回顧式問題，都無法充分捕捉中年階段的困境。這兩個問題都沒有真正立足於一個具有有意義過去和未來的生命背景中，而如何面對這樣的過去和未來，才是中年人必須直視的挑戰。在中年階段，回顧是有限的。你可以看見自己人生中的一大部分，但無法完整看清整個人生。此外，問題也不單純只是「應該做什麼」，還包括你做了什麼、沒做什麼，以及你對這些過去經歷的感受與想法。中年時期的特有困境來自時間的特性、我們對過去和未來的多重態度、我們與未實現的可能性（假設情境）之間的關係，以及我們的人生規模及其所包含的各種目標。我們如果只是簡單地問「應該做什麼」或「什麼是理想人生」，這些更深層的問題就會被掩蓋。而我將要探討的，正是這些更深層的問題。

這樣的探討是一種認知治療。雖然中年問題在哲學中常被忽略，但仍有一些哲學洞見能夠促進我們對中年危機的理解，幫助我們擺脫扭曲的價值觀，讓我們看到這些扭曲並非無可避免，並在確實無可避免時幫助我們接受此一事實。針對中年危機，哲學家既有可以教導我們的地方，也有需要學習的地方。我對這些概念的探討是個人化且內省的。我採用的不是系統性的社會科學方法，而是關注於親身體驗。我感興趣的問題，是中年危機所帶來的典型問題。也就是我們應該如何看待失去的機會、後悔與失敗、人生的有限性，以及在人生中推動我們前進的各種活動？

就算中年危機並不普遍存在，它仍然觸及到人生中一些基本的時間特性，而這些特性是無所不在的：包括可能性的逐漸減少、各種計畫的完成或失敗，以及個人經歷的積累。這在某種程度上減輕了耗費過多心力思索富裕和特權階級困境時，所帶來的自我耽溺氣味。正如希伊所言：「要有錢才能有中年危機。」[36]她這句話並非完全沒有道理。比起北美和歐洲，那條U形曲線比較少見於開發中國家。[37]不過，雖然本書中的某些內容可能會讓你忍不住為其貼上「第一世界問題」的標籤，但書中探討的其實都是一般性的主題。我們將追溯這些主題的源頭，探討我們與未知、反事實的假設情境、未來以及過去的關係。

我的作法難免會令人感到有些失望。由於我感興趣的是知識、價值與時間的抽象問題，所以對於跑車和狂野的外遇，我沒有太多話想說。讀者在第六章將會看到，我對這方面也不是完全不談，但畢竟不會談很多。如果這是你決定是否閱讀本書的主要因素，那我只能向你道歉。（或許在書末附錄提供一些如何引誘鄰居的建議？）此外，我也不會深入探討中年危機的社會建構，或是中年危機與種族、性別以及政治環境的關係。哲學家或許能對這些問題有所貢獻，但這些問題不是我的主要關注對象。中年的經驗，以及U形曲線的深度與形狀，無疑會因世代與地理位置而產生差異，但讓我們困擾的挑戰大多與那些因素無關，而是源自人類生命的基本條件。

那麼，讀者可以預期什麼呢？由於哲學的方法包含省思與推理，因此本書將充滿分析與論證。我無法向你報告從哲學實驗室裡得出了哪些確切結果，並要求你對那些結果毫不質疑地相信。實際上沒有這樣的結果。相反的，我會像小學生做算術題一樣，把我的推理過程展示出來。有時我們會沿著一條思路深入思考，最終卻發現這條思路有其限制，於是再試圖找到更好的方法。如果哲學有任何權威，那也是誠實說服的權威。如同接受心理治療，你也只應該接受自己能夠確認的觀點。差別之處在於，這裡的治療師是一位哲學家，病患則是一名假想出來的中年危機受害者。在塑造這名受害者的過程中，我將借鑒自己的經驗，並引用吳爾芙和西蒙·波娃等人的個案研究作為參考。

我們先來把目光轉向一個比較意想不到的對象：維多利亞時代的思想家暨社會運動者彌爾（John Stuart Mill）。他的精神崩潰既嚴重又怪異，藉由探究此一事件，我將向讀者介紹道德哲學的方法，以及如何把這些方法應用在自助上。我將藉由解釋中年危機不是什麼來釐清中年危機的意義，也會診斷並治療中年危機的第一種型態。彌爾的人生與全書的討論息息相關；他將會陰魂不散地陪伴我們到本書結尾。

第二章 人生就這樣了？

早年的約翰・斯圖亞特・彌爾（John Stuart Mill）出類拔萃，但也充滿悲傷。他出生於一八〇六年，父親是蘇格蘭史學家、政治經濟學家暨哲學家詹姆斯・彌爾（James Mill）。詹姆斯是邊沁的門徒，後者為道德效益主義開宗大師。邊沁有一句惡名昭彰的格言：「最大多數人的最大幸福就是衡量對錯的標準。」[1]忘了過去，把傳統扔到一旁：社會制度必須考慮所有受其影響者的利益。不能讓我們更幸福的制度，就必須改變。

詹姆斯・彌爾在一八〇八年結識邊沁，立刻就歸附其門下。他的兒子約翰．斯圖亞特此時還不滿兩歲。一場非凡的實驗就此展開。詹姆斯．彌爾秉持博愛始於家門的原則，以追求最大多數人的最大幸福為目標，來設計他兒子的教育。他要栽培他的兒子約翰．斯圖亞特成為一個改變世界的人。用以撒．柏林（Isaiah Berlin）的話來說，這場實驗獲得了「駭人的成功」。[2]之所以說成功，是因為約翰．斯圖亞特．彌爾後來成為十九世紀最具影響力的英國哲學家暨公共知識分子。之所以駭人，是因為他早年所承受的孤獨與匱乏。彌爾不能和其他孩子互動，而且受教育的節奏快得驚人：三歲學習希臘文，到了七歲已開始閱讀柏拉圖；八歲學習拉丁文，十一歲研讀牛頓的《原理》（*Principia*）；青少年時期鑽研邏輯學、政治經濟學、心理學以及法律；接著在十五歲學習邊沁與哲學。二十歲那年，已是一位出色思想家的約翰．斯圖亞特．彌爾陷入精神崩潰。

在一本關於中年危機的書裡討論彌爾，或是從他的經驗尋求洞見，乍看之下或許不合常理。他在《自傳》（*Autobiography*）中描述的那段飽受憂鬱症折磨的日子，發生在他年紀還相當輕的時候。但彌爾只是在這方面很早熟，如同他在其他許多方面。他的危機也可能發生在你身上。不同之處在於，彌爾對他的危機進行了長期的哲學省思。彌爾試圖分析自己的崩潰與康復，從中獲取道德教訓，進而注入道德哲學當中：他的做法是我模仿的一個先例。

但另一方面，我也必須承認發生在彌爾身上的狀況有一部分並非專屬於中年。解讀彌爾的痛苦，是個為讀者來一堂哲學倫理學速成課的好機會，也為本書的後續內容奠定知識基礎。我們接下來將探究幸福的本質與追求。我們也將比較中年危機與虛無主義這種更徹底的崩潰有何差異。並且我們將分析人類活動具有的各種不同價值。最後我們將發現，彌爾所經歷的危機我們都能感同身受。我們也許沒有像他一樣的童年，但可能也曾因為沉重的責任壓力、因為時間被職場與家庭的各種需求消耗殆盡而痛苦呻吟，不禁在內心自問：難道人生就只有這樣了？以下，我們將解決這個問題，彌爾會助我們一臂之力。

儘管彌爾對於自身憂鬱症的敘述充滿力量，但他的敘述一開始顯得沉重。他以簡潔但又晦澀的話語記述了自己的哀傷。

我當時處於一種遲鈍麻木的狀態，就像每個人偶爾會落入的情形一樣；對於享受或愉悅的刺激無動於衷；在那種情緒狀態下，原本能夠為人帶來愉悅的事物變得平淡乏味，令人不屑一顧。……在這樣的心境當中，我突然想要對自己提出這個問題：「假設你實現了所有的人生目標；你對於制度與公眾意見所期待的一切改變都有可能在這一刻完全達成：那麼這對你而言會不會是一大喜樂與幸福？」結果一股無可抑制的自我意識明確回答道：「不會！」[3]

此處的謎團在於**為什麼**。一個人最深切的渴望、最遠大的抱負終於獲得實現，為何會無動於衷？到底哪裡出了問題？

你也許會說：這裡面確實出了很多問題。可憐的彌爾，遭到他那個控制欲強烈的父親所逼迫，職業生涯從小就被人代為決定。他怎麼可能覺得自己能夠掌控人生？他怎麼可能覺得自己擁有自主權，怎麼可能覺得他的人生屬於自己所有？難怪彌爾後來會寫出《論自由》（*On Liberty*）這部鼓吹自治與思想自由的論證著作。

此外，還有那種孤獨的感受、親密關係的欠缺，以及對情感關係的渴望。至少在這些方面，彌爾的故事倒是有個幸福的結局。一八三〇年，二十五歲的彌爾結識了他終生的摯愛哈莉特・泰勒（Harriet Taylor）。哈莉特在當時雖然已婚，但他們還是結為好友，彌爾稱之為「我一生中最珍貴的友誼」。[4]在哈莉特的第一任丈夫去世後，彌爾於一八五一年向她求婚，她欣然接受。在《自傳》裡，彌爾說哈莉特可說是他的共同作者：「不只在我們婚後這些年，也包括在我們先前那許多年的祕密友誼期間，我出版的所有文字不但是我的作品，也是她的作品」，包括《論自由》與《婦女的屈從》（*The Subjection of Women*）；儘管她的「智識天賦服務於我所見過最高尚且最平衡的道德品格」。[5]兩人的愛情故事因才智相當且相伴餘生而極富盛名。

但這段感情對於彌爾的人生發展雖然影響深遠，而且「究其細節，影響可說是無窮無盡」，[6]彌爾卻不認為自己與哈莉特的關係治癒了他的精神崩潰，也沒有說自己的精神崩潰是孤獨造成的結果。他確實間接提到了一些親子方面的問題，寫道：「當我偶然讀到馬蒙泰爾（Jean-François Marmontel）的《回憶錄》（*Memoirs*）時，感覺彷彿有一道微光照進了我的內心陰霾。書中描述他的父親去世後，整個家庭陷入愁雲慘霧，而當時還是孩子的他卻感受到、並且讓家人也感受到，他將成為他們的支柱，填補他們失去的一切。」[7]上述內容或許是治療師喜歡的分析材料，但我必須再次說，彌爾的自我診斷中並不包括這部分。他為自己的危機提出了兩個原因，兩者都值得我們注意，而且各自有其哲學脈絡。

只為我自己

彌爾在情緒恢復穩定後，陳述了他的兩個重大思想轉變。第一個如下：

> 我認為幸福是一切行為準則的檢驗標準，也是人生的終極目標——這份信念我從未動搖。但我現在認為要實現這個目標，就不能直接追求這個目標。真正幸福的人（我認為），都是把心思投注在自身幸福以外的事物上；關注別人的幸福、關注改善人類的處境，甚至是關注某種技藝或者嗜好，而且不是把那些技藝或嗜好作為實現其他目標的手段，而是將其本身視為理想的終極目標來追求。正是因為他們關注自身以外的事物，他們才在過程中獲得了幸福。[8]

彌爾在這段文字裡提出的洞見有個名稱，叫作「利己主義的矛盾」（the paradox of egoism）。它的歷史至少可以追溯到一七二六年，當時約瑟夫·巴特勒（Joseph Butler）在倫敦羅爾斯教堂（Rolls Chapel）布道，相關內容於同年集結成書出版。[9]巴特勒主教是聖公會教士，他認為利己主義，或者說專注於追求自己的幸福，不僅會干擾幸福的實現，在邏輯上還會預先阻礙其實現。與思想歷經轉變後的彌爾看法相似，巴特勒也認為幸福的一個關鍵條件是關注自身以外的事物。這不表示你必須抱持利他主義。你關注的事物可以是棒球，或者哲學，或是特定的人，比如你的朋友和家人，而不一定是全人類。當你以這種方式關注某個事物時，它將不再只是你用來滿足個人利益的手段，它的成功也會讓你感到幸福。儘管當你關注的事物愈多，讓你變得脆弱的因素也會隨之增加，但同時幸福的來源也會相應增多。這正是彌爾的想法。

我認為這是一個相當不錯的建議。我們可以稱之為預防中年危機的第一條法則：你必須關注自己以外的事物。如果你唯一在乎的只有自己的福祉，如果你完全只在意你自己，那就沒有多少東西能讓你幸福。當你身處在U形曲線的地下室裡，感到難以獲得滿足時，這個道理值得你多深思。我們在面對不滿足時，很自然的反應往往是更加渴求幸福，並把幸福當成我們的目標。沒有想到的是，你其實必須採取相反的做法：你必須關注其他事物。這不是一項你能夠立即聽從的忠告，因為你無法去喜愛自己不感興趣的東西。但這項忠告也不是完全無用。你可以選擇讓自己投入到那些你可能會逐漸產生興趣的事物中，進而改變你的人生。誰知道呢，在中年開始閱讀哲學說不定會喚起一股新鮮且持久的熱情？我推薦你試試看——但你也可以尋求其他興趣啦。

除了應該探討利己主義的矛盾外，我們也應該花些時間駁斥那些憤世嫉俗者的說法——他們認為無私的渴望這種東西根本不可能存在。這些「心理利己主義者」（psychological egoist）以毫不美化現實的直話直說姿態自豪，堅持將有些人明顯無私的行為，像是為了保護文物而隱瞞文物所在處卻因此犧牲性命的男子，[10]或是把自己的一顆腎臟捐給陌生人的女子，[11]強行解釋為這是他們獲取幸福的祕訣。為達目的，他們因此不得不把討論對象已明白否認的動機與信念仍硬套在那些對象身上。在大部分情況下，為了別人犧牲自己性命的人並不會認為這麼做是為了自己好。心理利己主義是一種以陰謀論看待人類動機的學說，可信度也和一般陰謀論差不多。一個很好的例子就是彌爾，他對於改革社會的渴望從來就不是一項以裨益自己為目標的計畫。儘管他認為這個目標的實現不會為他帶來幸福，他還是堅持追求。即使在絕望的低谷，彌爾也不曾放棄改變世界的渴望或者停止努力邁向目標。

可是這就奇怪了。因為無論你對利己主義的矛盾有何看法，都很難看出這種矛盾如何能夠套用在彌爾身上。他的問題不是過度自我中心，甚至可以說是恰恰相反：彌爾追求的是最大多數人的最大幸福，並且不認為自己的人生比別人的更重要。利己主義的矛盾不是他需要學習的教訓。但儘管如此，他還是遭遇了危機。彌爾對自己所下的第一個診斷，雖然就其本身而言挺有意思，卻不算正確。

諷刺的是，彌爾的精神崩潰或許有另一種相當具說服力的解釋，亦即其肇因不是利己主義的矛盾，而是另外一種矛盾，也許可稱之為「利他主義的矛盾」(the paradox of altruism)。我指的不是主張利他行為根本不可能存在的那種矛盾，而是一種尚未受到命名的現象，隱含於傑基．羅賓森（Jackie Robinson）的這句格言裡：「一條生命的重要性僅在於其對其他生命造成的影響。」[12] 年輕時候的彌爾也許會認同，但這種想法細究之下最終還是不合邏輯。

要看出哪裡不合邏輯，我們必須借用道德哲學加以區分的兩種價值：終極價值（final value）與工具價值（instrumental value）。工具價值是指某件事物作為達成某個目標的手段所具備的價值，例如賺錢或者看牙醫這類活動所具備的價值。這類活動當然值得從事，但純粹只是因為有錢會比沒有好，接受根管治療也比忍受牙痛來得好。相較之下，具有終極價值的事物則是其本身就值得從事或者擁有，亦即其本身即是目標，而不只是手段。這類事物具有非工具性的價值。想想邊沁等效益主義者眼中幸福的價值，亦即且不論幸福所能造成的影響，其本身就很美好。

羅賓森那句話暗示，我們所做的一切都是工具性的活動，其價值取決於對他人的影響。那麼他人的生命和他們所從事的活動的價值又是什麼呢？如果也是工具性的，同樣取決於對他人的影響，而這些影響的價值又再取決於對他人的影響，如此循環下去，價值就會無限遞延，我們永遠無法找到最終的價值。如同亞里斯多德在《尼各馬科倫理學》開篇中所強調的，如果價值的解釋永遠是工具性的，「這個解釋過程將無限延續，最終使……渴望變得空虛且徒勞。」[13]唯有當人類生命本身具有內在價值，而不只是基於它對他人的影響時，利他主義才有意義。同理，唯有當其他非利他的行動也具有內在價值時，利他行動才可能真正有價值。這就是矛盾所在：如果利他主義是唯一重要的，那就等於什麼都不重要。人生根本不值得活。

我這麼說是不是對羅賓森不太公平？也許吧。他可能只是想強調某種賦予事物重要性的特殊價值，而不是在討論什麼是人類生活中的美好。如果是這樣的話，就不會產生矛盾了。不過，許多人，包括我，都擔憂利他主義會走向一種扭曲的極端，導致人看不到其他事物的價值。想想據說出自奧登（W. H. Auden）的那句妙語：「詩人可以擁有任何幻想，唯獨不會有像社工那樣的想法：『我們來到世界上都是為了幫助別人；至於別人來到世界上是為了什麼，我就不知道了。』」[14]（這個笑話奧登其實是從「歡笑的牧師」霍爾〔John Foster

Hall〕那裡聽來的，這位喜劇演員從一九二〇年代就開始講這個笑話。）懷疑彌爾的成長過程因為過度的自我否定而受到扭曲，導致他對利他行動的正面目標缺乏理解（以為利他行為等於自我犧牲），這並非胡亂臆測。彌爾就像奧登妙語中的社工，而非奧登那樣的詩人。

但我並不認為利他主義的矛盾能夠完全描述彌爾的困境。我們沒有理由認為彌爾曾對滿足人類需求的終極價值有所懷疑。社會改革的一個目標是減少人類痛苦；實現這一目標本身即具有內在價值，而不只是取決於其效果。換句話說，彌爾很清楚，社工的工作不僅僅是工具性的。

如果彌爾沒有落入利他主義的矛盾中，那我們呢？我無意猜測你的人格，也不想誣衊你，但就我自己而言，我確信中年危機不是狂熱的無私所造成的結果。中年危機也不是虛無主義。即使在中年危機最嚴重的情況下，我也還是知道自己有理由要關懷我所愛的人、在可以的情況下把我的工作做好、把事情做對、負起責任、幫助別人並且不要傷害人。世界上仍有價值存在。

有些人的反應無疑會更加極端。在《懺悔錄》（*A Confession*）中，托爾斯泰記述了他在遭遇中年危機時提出的一個問題，這個問題與當初令彌爾震撼的那個關於抱負實現的疑問相似：「『好吧，所以你會比果戈里、普希金、莎士比亞、莫里哀更有名，比全世界所有的作家都更有名，那又怎麼樣？』」[15]他沒有答案。托爾斯泰的惡性循環在人生中發生的時間比彌爾來得晚，在接近五十歲之際，造成的人生低谷也更深。「我的人生陷入停滯，」他寫道：「我可以呼吸、吃喝、睡覺，而且我不能不呼吸、吃喝、睡覺；但是我沒有人生可言，因為已經沒有任何渴望讓我覺得有需要實現。」[16]我們確實可能產生這樣的感覺：覺得完全沒有值得做的事情。但彌爾並不是如此。我倒是沒有這樣的經驗，希望你也一樣沒有。

中年特有的危機並不是源於對理由或價值的普遍懷疑，也不是來自那些完全與人類生活形態無關的深刻哲學疑問。中年危機並不會引發全面的虛無主義，而是牽涉到一些更難以捉摸的自我與世界的概念。這正是為何中年危機在哲學上如此引人入勝的原因。中年危機所帶來的空虛，與那種認為做任何事情都沒有理由、也無法偏好任何結果的極端虛無感，兩者有何不同？這是一個值得哲學探究的問題。如果具有終極價值的事物對中年人來說並非不存在，那麼中年到底缺少了什麼？要回答這個問題，必須區分不同的價值，就像區分手段與目標一樣，只不過價值的區分更加細膩、難解，也更觸動人心。因此，我們需要用更細緻的倫理概念來描繪中年的哲學面貌。中年危機的部分解決方案也將來自於對這些概念的細微探究。

所以，彌爾到底出了什麼問題呢？不是極端的利己主義，也不是覺得什麼都不重要。問題倒是可能出在利他主義的矛盾。也就是彌爾對社會改革的過度關注，導致他對幸福的理解產生了漏洞，而這個漏洞可能會出現在任何人身上，包括你在內。這其實是彌爾自己後來認可的一種解釋。為了理解其中的原因，我們需要仔細審視彌爾思想中的第二個重大轉變，這個轉變的背後隱約呼應了亞里斯多德的觀點。

讓自己不朽

彌爾說他的想法出現的「另一個重要改變」，是「〔他〕第一次在促進人類幸福的基本必需品中，賦予個人內在文化適當的地位」。[17]他指的是經由藝術欣賞提升人類傳達與精煉自我感受的能力。

彌爾自己的文字作品所帶有的美學價值其實有遭受一些質疑。同屬維多利亞時代的卡萊爾（Thomas Carlyle）：彌爾認為利己主義的矛盾即是由他所提出）在一八七二年向一名朋友表示：「你沒看彌爾的自傳完全沒損失。這是我看過最乏味的一本書……有如是蒸汽機的自傳。」[18]但彌爾在遭遇心理危機兩年後，閱讀華茲華斯（William Wordsworth）詩作有感而發寫下的文字，實在很難不令人動容：

華茲華斯的詩之所以對我的心智狀態具有療癒效果，原因是他的詩作不僅傳達了外在的美，也表達了感受的狀態，以及感受在美的刺激之下對思想造成的影響。那些詩作彷彿就是我所追尋的情感文化。那些詩作對我而言彷彿是一股內在喜悅的泉源，為我帶來充滿被理解與想像力的樂趣，任何人都能夠享受其中；此外，那些樂趣也和掙扎或者缺陷完全無關，而且是能夠隨著人類的生理或社會環境改善而變得更加充實的。從那些詩作當中，我似乎學到了，在人生中所有重大之惡都消除之後，什麼會是永恆幸福的來源。當我臣服於那些詩作之下時，隨即感到自己變得更好也更幸福。[19]

彌爾尤其喜愛華茲華斯的〈頌歌：童年回憶中的不朽暗示〉(Ode: Intimations of Immortality from Recollections of Early Childhood)。他甚至把華茲華斯的經驗與他自己的經驗相比擬：「他也感到青春時期喜愛人生的那種新鮮感並不長久；不過……他努力尋求補償，也成功找到了，就藏在他現在教導我如何找到補償的方法當中。結果，我因此逐漸徹底擺脫了我習慣性的憂鬱，而且再也不曾陷入其中。」[20]

我並不嫉妒彌爾的康復：他覺得有效就好。但上述比擬卻是過於牽強。華茲華斯頌讚著「欣喜與自由，這童年的／單純信條」之時，他心中所想的可不是像彌爾那樣的童年！關鍵其實不在於他們的人生是否相似，而是頌揚自然的詩歌對於彌爾而言具有獨特的價值，還有就是華茲華斯在那首詩結尾處表達出來的情感文化：

感謝我們賴以生存的人心，
感謝其溫柔、喜悅和恐懼，
對我而言，即使是最不起眼的花朵，也能夠掀開
埋藏於內心深處的感受，導致令人熱淚盈眶。[21]

人們對華茲華斯的詩也頗有怨言。彌爾就承認，「甚至在我們這個時代，〔也不乏〕更傑出的詩人」。[22]（華茲華斯在最後那個詩句顯然因為格律所需而加了個多餘的動詞。）在彌爾眼中，華茲華斯是「本性缺乏詩意的詩人」。[23]但另一方面，彌爾也堅稱「他的詩作在那時對我造成的影響，是其他意義更深遠、情感更崇高的詩作都無法達到的」。[24]透過華茲華斯，彌爾「感受到默觀沉思（tranquil contemplation）當中存在著真實且恆久的幸福」。[25]這為彌爾缺乏詩意的本性帶來了啟示。

彌爾究竟從藝術的價值中領悟了什麼，而那樣的領悟又跟身陷於中年泥沼之中的我們有何關係？要回答這些問題，我們必須回顧更早之前，望向默觀沉思倡議者中最口才便給的一位，也就是古希臘哲學家亞里斯多德。有了亞里斯多德的工具，我們就能制定出預防中年危機的第二條守則。

生活在公元前三八四至三二二年間的亞里斯多德，是雅典柏拉圖學院裡的學生。柏拉圖開玩笑地暱稱他為「noûs」，意為心靈或智性。心靈生活在亞里斯多德的思想當中扮演著很特別的角色。《尼各馬科倫理學》（我在先前已經兩度提到這部講座筆記）有一點令人頗為費解，就是其中以九「卷」（或者說是九章）的篇幅講述實用德行（practical virtues），像是勇氣、節制以及正義，卻在第十卷貶低實用生活，高舉純粹智性。世世代代的讀者都對這項誘人上鉤再偷梁換柱的做法深感不解，也有許多詮釋者試圖為其辯解。

值得注意的是，亞里斯多德對於實用德行的生活感到不滿的理由，和彌爾對於自己為何轉向情感文化所提出的理由極為近似。

> 實用德行的活動展現在政治或軍事事務上，但涉及這些事務的行動似乎不會是好整以暇的。戰爭行動不可能是從容、有閒暇的（因為不會有人為了打仗而選擇參戰或者引發戰爭；一個人如果為了打仗以及殺戮而把自己的朋友變為敵人，那麼這個人必定會讓人覺得他凶殘至極）；政治家的行動也同樣不會是從容、有閒暇的，而且政治家的行動，其目標在於政治活動

本身之外，即追求獨裁權力以及榮譽，或許說到底政治家也是在為他自己與他的同胞追求幸福：與政治行動不是同一回事的幸福，而對幸福的追求也顯然與政治行動的追求不是一回事。[26]

如同彌爾，亞里斯多德也擔心實用德行的活動（諸如打仗、參與政治、致力追求社會改革）是依靠「掙扎與匱乏」來維持，[27]亦即那些活動的價值取決於問題、困難和需求的存在，而那些活動的目標就在於解決這些情況。在理想世界中，那些活動將無用武之地。這就說明了為何把朋友變成敵人以創造英勇作戰的機會是很荒謬的行為。彌爾也許會補充，同樣荒謬的還有造就人類苦難好讓像他這樣的改革者有工作可做。

亞里斯多德明白指出政治家的成就具有終極價值。那些成就「令人嚮往，不管就其本身而言，還是因為〔其他〕事物」：亦即「與政治行動不是同一回事的幸福，而對幸福的追求也顯然與政治行動的追求不是同一回事」。[28]在這部探討美好人生的論著裡，亞里斯多德沒有把九卷的篇幅投注於像是牙齒保健與快速致富這類純粹的工具上。但在亞里斯多德眼中，政治行動的價值在於改善現況，也就是一種雙重否定的價值：消除一些壞事作為對不公不義、苦難與戰爭的回應。更理想的狀態還是一個沒有這種需求的世界，在其中沒有任何破損的東西需要修復，也沒有傷害需要治療。在亞里斯多德眼中，這就是實用德行的限制與缺陷，也是為什麼實用德行不存在於理想人生當中。如同彌爾提及的社會工作與政治改革，實用德行的目標是建立在「掙扎或者缺陷」之上，也就是我們寧可不要的狀況。[29]

我們能否對政治提出更正面的願景，使其不僅僅是減少傷害？我們的政治家能否資助藝術、追求基礎科學或哲學？也許吧。但亞里斯多德會反對：無論國家提供什麼幫助，我們最好還是不要依賴這些幫助。即使我們修正了對政治的看法，也還是無法確知政治家應該支持哪些活動。

這正是沉思的用武之地。對於亞里斯多德而言，沉思的目的不在於解決理論謎題，更遑論把理論應用在實務上，而是要省思我們心中已有的答案。這項活動「顯然僅因其本身而受到喜愛」，他寫道：「因為沉思除了沉思本身，沒有其他產出，而實用活動必然多多少少會產生與行動本身無關的事物。」[30]按照亞里斯多德的說法，沉思的生活「是無條件的最終」：「因其自身而值得欲求，從不因他物而值得欲求。」[31]這聽起來也許有些古怪，彷彿我們之所以應該重視沉思，就是因為沉思毫無用處。無用到底有什麼了不起？但亞里斯多德注重的不是沉思沒有用處，而是沉思帶有的價值全然正面。沉思不對麻煩或缺陷做回應，也不對苦難與衝突做回應，而是一種美妙的多餘事物。沉思不是我們為了預防不義或者傷害所必須做的事，而是我們即使在理想世界裡也會想要做的事。不同於政治行動，沉思是一種閒暇的活動，「〔而〕一般認為幸福乃是取決於閒暇，因為我們忙碌就是為了獲得閒暇，作戰也是為了獲取和平。」[32]

彌爾雖然沒有提及亞里斯多德，但他必定讀過《尼各馬科倫理學》，最有可能是在十歲的時候閱讀其希臘文原本。令彌爾深感苦惱的問題——如果你追求的改革立刻實現，你會有何感受？——讓人聯想到亞里斯多德在改善性價值（ameliorative value）與沉思的正面價值之間所做的比較。如果不公義被消除了，如果人類苦難獲得化解，那我們還有什麼事情可以做？對於這個問題的答案，彌爾在精神崩潰之前毫無概念。他的活動雖然具有終極價值，但這些價值並非無條件式的終極價值，而是基於人類那些令人遺憾的需求。

在經歷精神崩潰的危機之後，這種情形出現了改變。彌爾在詩文中找到了「一股內在喜悅的泉源，……與掙扎或不完美毫無關連」。[33]其樂趣不在於克服困境，而是「永恆的幸福來源」，即使「在人生中所有的重大之惡都消除之後」也是如此。[34]彌爾早年人生的問題在於，他看不出除了減少人類苦難之外，還有什麼事情值得去做。如果我們所能盼望的最佳結果僅僅是不受苦，以及過一個不算太糟的人生，那我們又何必費心生活呢？如果所有的價值都只是改善性的，我們或許也應該去關注一些因其本身而值得追求的事物，它們本身就是目的，而不僅僅是達成其他目標的手段。但即使如此，整體而言，人生仍然可能不值得活。或許從一開始就不曾出生反而是更好的選擇，至少是個不錯的選擇。

你或許和我一樣，並非狂熱的無私者，也大概不是雅典的政治家。然而，現代生活可能存在一種令亞里斯多德與彌爾都深感困擾的缺陷：現代生活充斥各種要求，有帳單要付、有家人要養、有問題要解決，導致我們的心思被「掙扎與匱乏」完全占據。[35]想想你唯一的期待就是睡覺的那些日子：只有在睡著時，你才能短暫地逃離，不必再照顧子女、不必在工作中充當救火隊員、不必努力維繫感情。可別誤會，這些事情都很重要，而且也可能具有終極價值；但這些事情的價值基本上都是改善性的。日復一日地忙於必須完成的工作，可能會讓你沒有時間去做那些你想做但不必要的活動。正如與彌爾同時代的德國哲學家叔本華所說：

> 工作、煩憂、辛勤與苦惱的確是幾乎所有人終其一生的命運。然而，如果每一項渴望都是一出現就立刻獲得滿足，人們又該如何填滿自己的生活，

如何消磨時間？[36]

當你除了預防事情出錯或者矯正問題之外，想不到還有什麼值得做的時候，你就會開始問自己這樣的問題。叔本華的這段話，基本上與彌爾提出的問題如出一轍。「工作、煩憂、辛勤與苦惱」：這些確實難以避免，但人生真的就只有這樣了？

這類危機的程度各有不同，而且會隨時變動。你的人生可能多多少少充斥著各種需求與改善性的活動。你也許偶爾有些悠閒的時刻，能夠稍微喘口氣。又或者，當你的責任逐漸減輕時（也許是因為孩子長大了），中年危機卻悄然浮現，原因是你意識到了那種空虛感，亦即你的日子不再充斥著必須完成的工作，卻又無事可做。

這是中年危機的其中一種表現形式。如同彌爾的精神崩潰，這個版本的中年危機並非源於虛無，而是來自工作本身不可避免的沉重壓力，不是因為這個世界欠缺值得追求的價值。那些必須完成的事情可能確實值得做，但總有一些東西缺失了。要弄清楚究竟缺少了什麼，我們需要在那些具有終極價值的活動中，區分出哪些活動不僅僅有改善性價值，哪些活動則僅有改善性價值。

哲學家雖然熱愛晦澀難解的專門術語，卻沒有為上述對比發展出一套合適的用語，這使我不得不使用一些累贅迂迴的語句來解釋。（「不僅僅有改善性價值」這句話包含三重否定：「不」「僅僅」有「消除」問題的改善性價值。）這不是我的錯。我們從亞里斯多德與彌爾思想中得出的這個區分，在道德哲學中被忽略了。我們需要一個詞來形容那些不僅僅具有改善性的價值。由於這類價值能夠讓人生變得真正美好，而不僅僅是比原本可能的狀況更好，也因此能夠解釋人生為什麼值得活，我稱這類價值為「存在性價值」（existential value）。因此，第二條規則就是：在你的工作、感情關係、閒暇時間裡，一定要騰出時間從事那些具有存在性價值的活動。

這條規則聽起來可能有些打高空，特別是我們主要以「沉思」為例來解釋哪些活動具有「存在性價值」。難道你就只能讀華茲華斯的詩，或是跟隨亞里斯多德一同省思世界的理性秩序？並非如此，因為具有存在性價值的活動其實更為多樣，也更貼近日常生活。彌爾與亞里斯多德雖然都使用「沉思」一詞，但他們心中所想的卻極為不同。亞里斯多德的沉思是一種理解的活動，這種理解是在科學探究完成後才有可能發生的：它是對宇宙結構的反思，並將上帝視為宇宙的最終目的（final cause）。而彌爾指的則是對詩歌的欣賞，更廣泛來說是對藝術的欣賞。（亞里斯多德在他的倫理學著作中只提到過一次「藝術沉思」，說這是一種你可以和朋友一起從事的活動。）[37]這些活動的共同點在於它們具有非改善性的價值。我們只要認識到這一點，就能找出其他具有存在性價值的活動。關鍵在於，這類活動並不依賴於人類生活中的不幸因素。這類活動的例子包括哲學、高雅藝術，乃至講笑話、聽流行音樂、游泳、乘船，甚至與家人朋友一起玩遊戲。這類活動可能可以幫助我們應對生活中的困難，可能可以讓我們暫時忘記痛苦，又或者可能只是單純可以消磨時間。但這類活動都能成為我們「內在喜悅的泉源，……與掙扎或不完美毫無關連」，即使「在人生中所有重大之惡都消除之後」，它們仍然是永恆幸福的基礎。[38]

我們是不是準備從嚴肅崇高的哲理探求轉變為輕鬆平凡的家常談話？從思索神與自然轉變為探究有趣的新嗜好？答案是也不是。

之所以說不是，因為不只有嗜好具有存在性價值。你在工作中也可以找到存在性價值，或是在人際關係裡。我超級幸運，居然能夠靠著思考和寫作賺錢：如果說這兩種活動有任何價值的話，那就是存在性價值。（我幻想過有可能藉著寫作這本書而縮減人類苦難的規模，但實際上不太可能，而且我確信我其他的著作也沒有這種效果。）其他工作都是對生產物品有所貢獻，無論是實體還是非實體的物品。亞里斯多德會否認這些工作具有存在性價值：因為這些工作都是在解決需求。在理想的世界裡，家具和食物會從樹上長出來。但亞里斯多德對這些工作的看法，與他對於藝術價值的視而不見是一樣的。我們不必同意他的看法。我們可以堅持認為木工與烹飪也可以是理想人生的一部分：即使這些活動是基於人類的需求，它們所滿足的需求也不是我們可以輕易捨棄的。工作可以具有存在性價值，友誼也是如此，而這點必定會讓亞里斯多德感到困惑，因為他認定沉思是唯一其存在本身即具有終極意義的善。（最好的朋友是那些能幫助我們沉思的朋友，但如果我們可以不依賴他們，或許我們就應該不去依賴。）我們自己不必這樣想事情。即使是在一個理想的世界裡，我們也可能會選擇與朋友共度時光。

另一方面，大部分有價值的工作也確實都具有改善性價值。比如說我們需要醫生、老師以及社工。此外，嗜好也確實可以具有存在性價值。中年正是開始打高爾夫球的好時機，這項活動在所有嗜好中最具存在性價值，沒有之一，或是學習跳騷沙舞，或是彈鋼琴。

與其對我們為因應中年而做出的平凡調整感到失望，我們應該反過來看。其實，我們消磨時間的消遣比我們以為的更有深度。亞里斯多德在貶抑實用德行的人生時，藉由想像那些不需要改善任何事物的神祇來說明這種人生的缺陷：「我們假設神祇的最重要特質是祂們的幸福與有福；但我們能將什麼樣的行動歸於祂們呢？是正義的行為嗎？如果神祇簽訂合約、退還押金，以及從事其他類似行為，難道不會顯得荒謬嗎？……此外，祂們的節制行為又是什麼？這樣的讚美難道不會顯得乏味嗎？畢竟，祂們根本沒有任何負面的慾望。」[39]（可笑的是，奧林帕斯眾神總是不停在爭吵、縱慾、和凡人上床；在亞里斯多德眼中，這些神都算不上是真正的神祇。）具有存在性價值的活動適合不朽的個體：這種活動能夠成為理想人生的一部分。當你和朋友一起玩大富翁，或是為了娛樂而讀書時，你就是在體驗神祇般的生活。

最後，我想澄清，以上這段討論不是在說存在性價值比其他事物更重要，或是存在性價值總是應該被擺在第一位。亞里斯多德的觀點容易讓人認為存在性價值應該凌駕於其他一切之上，但這樣想很危險。

有些人的建議是，由於我們是人，就應該把心思放在人類身上；由於我們是壽命有限的凡人，就應該把心思放在俗世的平凡事物上。然而，我們不該聽從他們的建議，而必須盡可能讓自己追求不朽的境界，竭盡全力地依循我們內心最崇高的理想去生活；雖然這些理想看似渺小，但其力量與價值卻是遠遠超越了一切。[40]

我不認同亞里斯多德的看法。如果生活的要求緊急又迫切，逼使你無法忽略，那麼整日沉浸於沉思、閱讀華茲華斯，或者打高爾夫球，絕對是錯誤的做法。身為凡人，我們就該把心思放在平凡的事物上。

然而，如果你與具有存在性價值的事物脫節，如果你在自己的生活中沒有騰出時間從事屬於神祇的活動（也就是那些讓人生值得活的活動），你就有可能會面臨像彌爾那樣的中年危機。因此，你如果有機會，就應該撥出一些時間，讓自己追求不朽的境界。

監獄的陰影

我們從彌爾身上學到了什麼？如果一個人生活中缺乏具有存在性價值的事物，只想著減少傷害，彷彿只要沒有痛苦就是人生的最高境界，那麼這個人注定會陷入危機。因為這是一種非常悲觀的看法。只有像彌爾那樣度過童年的人，才會去壓抑欣賞詩歌時帶來的快樂，甚至覺得除了為身陷困境的人謀福利之外，其他一切活動都毫無價值。

當然，還有一些比較常見的危機。雖然這些危機沒有彌爾的中年危機那樣悲慘，但它們也是由於存在性價值的相對缺乏——感到自己擁有的存在性價值不足，而不是完全沒有。工作與家庭的壓力極為沉重，以致削減了從事其他任何活動的可能性。如果你的生活就是這樣，那你就需要騰出時間從事具有存在性價值的活動。那些活動的重要性也許比不上你的工作或確保孩子有飯可吃，但它們擁有一種不同且無可取代的價值。

我先前說過，中年危機有很多種。我們目前探討的只是一種由生活中各種必要性引發的危機，而這正是彌爾的經歷帶給我們的啟示。說來有些諷刺，因為教導彌爾如何化解其早期危機的那位詩人，自己也遭遇了一場危機，而且他不像彌爾那樣樂觀。彌爾之所以將〈不朽頌歌〉(Immortality Ode)作為自己如何從詩歌中康復的範例，也許是回想起像下面這樣的詩句：

一股哀傷的思緒單獨降臨在我心中：
一道適時的話語緩解了那股思緒，
於是我又重新振作起來。
瀑布在峭壁上吹響了號角。[41]

然而，號角聲似乎來得太早，因為這首詩下一節的結尾寫道：「那夢幻中的光輝消失到了哪裡去了？／那燦爛與美夢如今該去何處尋覓？」這算哪門子的康復？隨著華茲華斯的詩歌一再回到童年自由被社會這座「監獄」所束縛的主題，懷舊與失落的氣息也不斷迴盪。

至於結尾那四句詩呢？真的是像彌爾所想的那樣，在頌揚由自然引發的喜悅感受嗎？其實不太明確。畢竟埋藏於內心深處的思緒，是與淚水相連，而非微笑。「埋藏於內心深處的感受，導致令人熱淚盈眶」這句詩因為加上多餘動詞而飽受嘲笑，但它真正展現的其實是思緒的深度只能被言語笨拙地表達，也暗示了社會規範的矯揉造作與壓迫，因為連感受也必須遵循格律規則。即使是詩歌，也被文明的狹隘視野所束縛，淪為監獄牆壁上的塗鴉。

華茲華斯沒有從他的中年危機當中恢復。在三十五歲完成《序曲》（*The Prelude*）的第一個完整版本之後，創作力便枯竭了，而在隨後四十年裡，他再也沒有寫出什麼值得注意的作品。沒有任何東西能夠「逆轉時光／帶回青草當中的輝煌」。華茲華斯相信靈魂是不朽的，當我們出生時，靈魂化身為實體，「帶著榮耀的彩雲……／來自上帝，而上帝即是我們的家鄉」，但即使你不認同這樣的信念，你也仍會懷念年少時期的寬廣世界，懷念那時候擁有無限可能的開放未來。不過，我們可以問問自己，當我們懷念三十五歲或五十歲人生定型之前的那些時光（正如歐威爾所說，到了五十歲，「每個人都擁有自己應得的面孔」），[42]我們究竟懷念的是什麼？擁有選項究竟有什麼價值？我們又該如何平和地接受自己失去的那些選項？我們是否能夠「在留下的事物當中找到力量；／……知道歲月將會帶來聰睿的心智」？在下一章裡，我們將藉著小說家與哲學家的幫助，嘗試去做做看。

第三章
錯失

每當我向朋友提及我正在探究中年危機，我會先等他們開完一輪玩笑之後，再請他們建議相關讀物。我得到的建議大多數是小說，而且作者大多數是男人。有些我先前已經提過，有些我們後續將會提及。另外還有一些幽默的作品（例如拉索〔Richard Russo〕的《直男》〔*Straight Men*〕）、淒涼幽默的作品（貝婁〔Saul Bellow〕的《何索》〔*Herzog*〕）、只有淒涼的作品（理查·葉慈〔Richard Yates〕的《真愛旅程》〔*Revolutionary Road*〕）。[1] 整體而言，這些小說都抱持相同的刻板印象，把中年描繪成一段機會流逝、欲望受挫，以及社會約束令人深感壓迫的時期。中年是一段充滿錯失的時光。

有些朋友不是推薦虛構小說，而是引用事實，從他們自己的親身經歷中找出那些現在已經成為常見敘事的故事。一位事業成功的同事寫道：

說說我的經驗聊供你參考：我最接近中年危機的一次，是在一九九四年中，當時我剛滿四十歲。……我人生中的一切原本都進展得超級順利。但在有三個年幼孩子要養而且又背負了龐大房貸的情況下，我清楚意識到自己絕對不可能改變方向做其他事情……嗯，我不知道耶……像是寫一本小說、拍一部電影、成為民歌手，或是其他任何我幻想過自己只要願意就能夠做的事情吧。純粹只是因為必須維持一定程度的收入，我就被迫只能永遠做我現在的工作，這點令我沮喪無比。當然，這是一種極度任性的表現，〔我太太〕一點都不同情我。可是不曉得為什麼，我現在想到這種反應可能是一種文學類型，竟然覺得很欣慰！

知道自己並不孤單，知道別人懂得自己的狀況，確實能夠令人感到欣慰，因為熟悉是理解的前奏。說到錯失，還有比這更好的慰藉嗎？我們必須面對現實。以我本身來說，我的現實如下……

我最早本來想當詩人。我在七歲時寫下人生中第一首真正的詩：以押韻對句描繪荒廢的遊樂場，揉合了艾略特（T. S. Eliot）與納許（Ogden Nash）的風格。我不敢妄言那首詩有任何可取之處。我後來參加了凱洛．安．達菲（Carol Ann Duffy）指導的一個寫作工作坊，開始以比較認真的態度看待寫詩這件事。達菲現在已是桂冠詩人，但在當時還沒有什麼名氣。她在各張紙條上寫下不同的角色，放進一個帽子裡讓我們抽籤，然後要求我們從那個角色的觀點寫作十四行詩，而且頭四句必須描述那個角色透過窗戶看見的東西。我抽到的角色是「時尚模特兒」。那時候的我是個十二歲的男孩，而「太空人」則是被別人抽走了。在膽怯又尷尬的情況下，我嘗試（也許是第一次）透過別人的目光想像這個世界。結果，達菲喜歡我寫的那首詩，我也寫得很開心，而且對於那首詩和我以前寫過的詩都不一樣而感到欣喜。然而，我並沒有成為詩人。

我有一陣子考慮過醫學。我父親是醫生，也希望他的兒子裡有人能夠繼承衣缽。他從《別等待》（*Don't Wait Up*）這部一九八〇年代的情境喜劇當中獲得靈感，那部戲的主角是一對擔任皮膚科醫生的父子。他認為皮膚科的前景不錯，因為極少有病患會因此死亡。我對於救人性命比較有興趣，但是一看到血就不禁嚇得頭暈。最後，我跟隨了內心深處的聲音，選擇主修哲學。後來的結果，就是你現在看到的這個模樣。

我不後悔自己的決定。我不認為我會因為選擇寫詩或行醫而有更好的人生；如果那樣選擇的話，我的人生多半只會更糟。我非常幸運。我有幸能夠在學術界備感財務壓力的時期獲得終身哲學教授職務；更幸運的是，還得以獲得財力雄厚且地位穩固的麻省理工學院庇蔭。我也有幸擁有很好相處的同事與學生。你如果期待我會陷入絕境，那你可得慢慢等待。第四章探討的是我們在事情出錯的時候該抱持什麼感受，本章探討的則是我們在一切順遂的情況下仍不免有的怨言。像是儘管我的人生如此幸運，但當我彷彿做實驗般，從個人歷史的帽子裡抽出「醫生」或者「詩人」，然後在可能性的樹狀圖中追溯那樣一條已然斷絕的分枝，還是不免會感到一股近似於後悔的失落。那樣一條分枝裡有我永遠不會有機會寫的詩，有我永遠不會有機會拯救的性命。從我目前的處境，我看不出有任何道路能夠通往那些不同的選擇。在我能夠看見的未來當中，我不可能進醫學院就讀，也不可能成為一個像樣的詩人。（當然，親愛的讀者，你一定希望我能有詩人般的文采。）就算我真的走上那些道路，我得到的經歷也絕對不會是我在十七歲那時所想像的人生。我懷著羡慕的感受回顧年輕時的自己，選項沒有限制，選擇還未做出。年輕時的那個我可以成為任何人，但現在的我則是一切塵埃落定：方向已經確立，道路不會改變，門也紛紛關上。

以上描繪的形象並不討喜。埋怨自己無法坐擁一切是有失風度的行為。但在那樣的埋怨中或許仍有值得探究之處。說不定你也曾想像自己沒有活過的人生，想像你有可能做、但卻從來不曾做過、也永遠不可能去做的那些事情。就算你不覺得自己做了錯誤的選擇，也還是有可能覺得自己錯失了什麼，或是開始懷念那段自己還不知道未來人生將是何種樣貌的過往時光。我如果可以寫你的故事，我絕對樂意。但拿我自己當例子，這樣做的好處除了實用考量之外，主要是我的故事極為乏味。我的職業理念形塑了我的人生規畫，也為我的實際生活添加了思想實驗常有的那種刻意簡化。一般四十歲的人平均換過十三個工作，而且還隨時準備再換下一個。[2]他們的樹狀圖有比較多的分枝，而之所以枝節複雜即是因為他們有那些沒經歷完的人生。我的樹狀圖則是修剪得很單純。三條分枝：詩人、醫生、哲學家。其中一條正在進行，另外兩條已然斷絕。這是每個人生活中都有的一個簡單而又獨特的事實：錯失機會。哲學能夠幫助我們接受這一點嗎？哲學是否能夠教導我們接受自己無法擁有某個東西，並且善加處理或理解面對青春流逝心中湧出的那種懷念？在本章裡，我認為在一定的限度內，答案是肯定的。

軟體動物的生活

一如既往，在哲學討論中，首要的步驟是做出區分並為之命名。並非所有決定都會引發我們現在討論的這種失落感；我們必須區分哪些決定會引發這種感受，以及哪些不會。

假設你獲得一筆獎金，而你必須選擇要領取多少金額：你可以領取一張五十美元的鈔票或是兩張。在其他條件相同的情況下，我猜你會選擇領取一百美元，而且不會猶豫不決。你在做這個決定時不會感到任何內在衝突，事後也不會感到失望或後悔。感嘆自己錯失了獲取較少利益的機會，無疑是荒謬的。套用一個常被濫用的術語來說，你的選擇的價值是可共量的（commensurable）。

可共量的價值可由單一尺度衡量；比較高的價值能夠涵蓋以及補償比較低的價值。拒絕一張五十美元鈔票不可能會造成渴望的不滿足，因為你想要那張鈔票的渴望就是對於金錢的渴望，而這個渴望會因為獲取兩張鈔票而獲得更大的滿足。

這類決定相對少見。換個例子來說，假設有一場講座的主題令你深感興趣（例如星際旅行，或是俄羅斯娃娃的歷史），但你最近結識且想要進一步認識的一個新朋友恰好在同一個時間舉行生日派對，以致你必須在兩場活動之間做出選擇。你左右為難，但經過總體考量之後，你最終認定還是那場生日派對比較重要。於是，你參加了派對。和先前那個一百美元的選擇不同，這個決定會帶來無法補償的損失。知識的價值與友誼的價值無法共量，所以你選擇生日派對的決定也許合理，但是這個你當時認為更重要的較高價值，並不能涵蓋或彌補你當時放棄的那個較低價值。你想聽那場講座的渴望不會因為參加生日派對而獲得滿足。那部分的渴望也因此留存於你的心中。

上述例子似乎有些小題大作。你不會因為錯過一場講座的記憶而深受後悔所苦。但不可共量性的影響可能會非常強烈。在史岱隆（William Styron）出版於一九七九年的小說《蘇菲的抉擇》（*Sophie's Choice*）裡，一名母親被送進奧許維茲集中營，而被迫必須抉擇她的兩個孩子誰能活誰需死；她如果拒絕做出決定，那兩個孩都會被殺。[3]最後，她選擇犧牲女兒。內疚毀掉了她後來的生活，但實在難以看出她當時能有更好的選擇。一個孩子的生命價值無法和另一個孩子的生命價值共量。在一篇著名文章裡，沙特描述了一名學生向他尋求建議。那名學生想要知道自己究竟是該冒著生命危險加入反抗納粹的抵抗運動，還是應該留在家裡照顧母親；因為他要是死了，他的母親將會陷入絕望與孤獨當中。[4]無論怎麼選擇，都避免不了無可補救的損失。

最明確的可共量例子涉及那些我們用來實現其他目標的手段，比如財富。但原則上，終極價值也可能是可共量的。我們在第二章中提到的邊沁認為，幸福（即「對錯的衡量標準」）可以用一種叫作「幸福計算公式」的方法來衡量；這種方法透過計算愉悅單位的總量，並減去痛苦單位的總量，來量化幸福。[5]他將愉悅視為一種同質的感受，一種可以量化的感受，而且是多比少來得好。彌爾有一句常被錯誤引用的名言是：「當愉悅的量相等時，推針遊戲和詩歌一樣有價值。」[6]（推針遊戲是英國十九世紀的一種兒童遊戲。）在邊沁眼中，要在兩種愉悅的體驗當中做出選擇，就像是在兩堆錢之間做出選擇一樣。你應該毫不猶豫地選擇較多的那一個。你獲得的愉悅將會涵蓋並補償你捨棄的愉悅。你不會錯失任何東西，你只會得到更多相同的東西。然而，與金錢等工具價值不同，愉悅的價值是終極價值。正因如此，邊沁認為，追求愉悅應當是人生的首要目標。

講這些專業術語有幫助嗎？每當我想起自己沒有去做的那些事情，包括我沒有寫的詩、沒有拯救的性命，這時候說什麼詩歌、醫學和哲學的價值不可共量，能給我多少安慰？對你來說呢？你會因此對自己選擇的人生道路和有所錯失的事實感到寬慰嗎？大概不會。

但是且慢。我們還可以從另一個角度來看待自己的處境。為什麼我們會面臨渴望無法滿足的問題，即使在一切順遂的情況下也是如此？中年為什麼會失落？我們無法擁有自己想要的一切，我們已擁有的也無法涵蓋或者補償我們所沒有的東西，這是不可共量性造成的結果。這種狀態來自於人生中價值的多樣性，來自於世界上有許許多多不同的事物值得渴望、值得關注、值得追求爭取，而且多到永遠無法窮盡。除非你對大部分具有價值的事物視而不見，或是個人喜好狹隘至病態的程度，否則你不可能避免錯失的感受；但沒有人會願意這樣。

試著想像一下，人生必須變成什麼樣子，才能讓你避免那些無可補救的損失。首先，當你面臨互不相容的選項時，這些選項的價值必須能夠共量，或是其中一個選項對你而言毫無價值。也就是說你不能同時喜愛詩歌、醫學和哲學。人生中大部分的美好事物都必須遮擋或者抹去。你的情感體驗將只有單一色彩：如此一來就不會有內在衝突，但你的情感生活也因此無法獲得內在衝突所帶來的多樣性。

你也許會想要追隨邊沁，採用享樂主義的方案，依據幸福計算公式，把愉悅減去痛苦視為唯一的善。然而，邊沁的理論不具說服力，不僅因為人生並非只是感受的總和，也因為即使愉悅本身也常常無法共量。你如果被迫在欣賞夕陽與聆聽交響曲之間做出選擇，你也許會決定聆聽交響曲，但內心感到糾結也是合理的反應。想要欣賞夕陽帶來的斑斕色彩的這種渴望，無法藉由聆聽音樂獲得滿足。我們所追求的是特定的愉悅，而不是單一同質的享樂刺激。

為了實現可共量性，你必須捨棄愉悅種類的多樣性或差異。你必須只在乎享樂的量，而不在乎享樂的質或對象。你的渴望必須大幅簡化，藉由摒棄大部分的美好事物，或是藉由你對那些美好事物的毫不在乎來實現。「這麼一來，你過的就不是人生，」柏拉圖在《斐利布斯篇》（*Philebus*）當中寫道：「而是軟體動物或者海中其他那些貝類生物的生活。」[7]

渴望自己的人生不會有失落，就等於是渴望一個極度貧乏的世界，或是渴望自己與這個世界互動的能力極為有限，從而大幅限縮你的視野。這種渴望並非完全沒有道理。當你遇到不可共量性的情況時，對不可共量性本身產生矛盾態度是合理的，因為不可共量性在某些方面確實會帶來不好的結果。但總體而言，選擇縮減人生的多樣性以修補這種不可共量性所帶來的傷害，是不合理的。

我們由此學到的不是一項避免中年危機的規則，而是如何因應中年危機的忠告。知道錯失是人生的豐富性不可避免的副作用，能夠帶來某種慰藉。這也反映了一個美妙的事實：世界上有如此多值得喜愛的事物，而且種類繁多，以至於一段人生無法涵蓋所有。即使永生也無法涵蓋所有，因為你的人生必定會有一個特定形貌，與你可能擁有的其他人生不同。你終究會有所錯失。

所以，就這麼告訴自己吧：儘管我可能會一再感到後悔，並渴望所有的渴望都能得到滿足，但最終我還是不該期望我的所有渴望都能完全實現。失落的感受是真實存在的，但對於這種感受應該接受，而不是試圖消除。欣然接受你的失落，將其視為享受人生中豐富的美好所需支付的合理代價。

地下室人

上述結論有其限制。首先，這項結論無法幫助我們避免錯失，只能幫助我們學會接受。作為一種認知治療，這項結論的目標在於改變我們對於某個狀況的想法，進而改變我們的感受，而不是改變那個狀況本身。這項結論也無法處理那些並非不可避免的後悔：例如對於錯誤、不幸和失敗感到後悔，這些錯誤、不幸和失敗使你的人生變得比原本可能的情況糟糕。

我們會在第四章探討逆境。但在此之前，有一個更明顯的遺漏需要先解釋：我到目前為止所說的內容，都沒有針對錯失的時間層面提出解釋，也就是錯失與懷舊之間的關連。為什麼我們會懷念自己人生道路確定之前的時光？為什麼會羨慕青春時期的自己？這並不是因為那時的你擁有一切：在童年時期，得不到自己想要的東西是一種常態。而且即使你在童年時期還沒有意識到那些更深層次的渴望，那些渴望最終都會面臨實現不了的結果。

在近期出版的小說《適時再起》（*To Rise Again at a Decent Hour*）當中，費瑞斯（Joshua Ferris）探討了人生中的幾個謎題，懷舊即是其中之一。這部小說講述一個隨波逐流的人，唯一全心投入的事物就是支持波士頓紅襪隊。他是無神論者，卻又抱著懷舊之情嚮往絕對信仰、宗教語言和社群。這部小說探討個人在自由開放社會當中的困境，探討自由與現代性的混亂狀態。[8]此外，如同珍娜·瑪斯林（Janet Maslin）在《紐約時報》所寫的，這部小說也是「牙醫文學當中的高標」。[9]

身為英國人，我非常熟悉蛀牙的實質和隱喻意義。不同於皺紋以及中年發福，蛀牙是身體可見的崩解，是無法掩飾的標記，象徵著持續累積而且無法逆轉的衰敗。牙齒不像骨頭能夠自我修復，只會持續不斷受到侵蝕，彷彿頭骨有一部分暴露在外，已經死亡或正在死亡。杜斯妥也夫斯基筆下的地下室人是存在主義焦慮的代表，他曾經有過一個月的牙痛，這難道是巧合嗎？[10]幾年前，在一間大飯店內舉行的一場哲學家大會上，我找上一名工作人員，問她認為我們是幹哪一行的。她的回答是「牙醫」。在滿是鬍子的廳堂裡，她的這個猜測實在令人難以置信，而且毫無奉承之意。或許她察覺到我們像牙醫一樣，都在凝視著深淵。

牙齒讓身體衰敗的事實變得清楚可見，我們可以嘗試忽略這項事實，像費瑞斯筆下的敘事者那樣，「吹著口哨，無視一個個張開的嘴巴所構成的墳墓。」[11]抑或，我們可以設法逆轉，像艾米斯（Martin Amis）那樣，從《情報》（*The Information*）這本探討中年危機的小說的預支版稅中，撥出一部分用於大規模牙齒重建。[12]但衰敗只是時間早晚的問題。艾米斯針對他筆下的主角寫道：「在理查的四十歲生日當天上午，他看著鏡中的自己，覺得**任何人**都不該得到他這張面孔。」[13]如果不是在四十歲，到了五十歲或者六十歲，身體終究會洩漏它的年齡。

真希望我能告訴你，哲學可以遏阻這個進程，可以中止肉體的衰退。但實際上沒有這回事。本書除了應該加一章附錄談吸引力，也有必要再添一章附錄提供三個簡易訣竅，教人如何獲得更光滑的肌膚、更緊實的小腹以及更閃亮的笑容。也許在下一版實行？如果你對那早已逝去的青春身姿感到懷念，或者羨慕自己在一九九六年照片中的容貌，我最好的建議是提前感受失落。如同諾拉・伊佛朗（Nora Ephron）所寫的：「你在三十五歲時對自己身體的一切不滿，都會在四十五歲時讓你懷念不已。」[14]提前懷舊的方法如下：想像你在十年或二十年後回顧過往，會對你今天映照於鏡中的面孔，以及你現在居住的這具身體有什麼感覺。情況可能更糟，也確實會更糟。

問題不僅僅在於失去你現在的容貌。我們之所以哀悼失去的青春，只有一部分是因為外貌。老化也會帶來精力、耐力與活力的耗竭，以及體能的衰退。老化是未來可能性逐漸減少的有形象徵。相比之下，青春則代表仍然旺盛的力量與充滿可能性的未來。當我想到錯失，當我羨慕十七歲的自己時，腦中所浮現的就是這樣一幅畫面。這正是我所懷念的。

費瑞斯揭示了這裡存在的一個謎。看看他筆下那個漫無目標的牙醫歐羅克（Paul O'Rourke）如何說服自己不要生孩子：

> 我心想，有個東西可以涵蓋一切：孩子。從他們出生的那一刻起，一直到

他們圍繞在你身邊聽取遺言的時候，以及在這之間的每一個里程碑。但他們要能夠涵蓋一切，就必須能夠取代一切：不再上餐廳、看百老匯舞臺劇、看電影、逛博物館、逛藝廊，或者這座城市提供的其他多不勝數的可從事活動。倒不是說這對我而言是個無法克服的問題，畢竟我以前就極少縱情於那些享樂當中。不過，那些事物是我人生中的選項，而有選項是很重要的。[15]

擁有你不執行的選項、不去走的道路，這有什麼價值呢？對歐羅克來說，「〔每個〕夜晚都是無限可能性消逝的夜晚，都有一個人生喪失，都有一個擴張、探索、冒險、抱持希望以及盡情生活的機會消失。」[16]他拒絕機會，以便保有更多自己不會使用的機會。這種想法根本沒有道理！

歐羅克的反常心理和我的懷舊情緒有多不同？希望自己的未來保持開放、機會保持完整，這似乎很自然。但仔細想想，實在很難解釋為何會有這種心態。

如果一切順利，你採取的選項並沒有比你拒絕的選項來得差。（我們暫且把錯誤、不幸和失敗擱置不論。）這樣一來，你有什麼損失呢？我如果不認為自己選擇了錯誤的人生道路，那又為什麼會懷著羨慕的眼光回顧自己選定哲學之前的那段時光，那段我有可能成為醫生或者詩人的時光？擴張我不會追求的可能性，能夠讓我得到什麼好處？

要毀掉一個笑話，最好的方法就是加以解釋，所以我先在此致歉：以下受道德哲學家德沃金（Gerald Dworkin）啟發的論點，解釋了歐羅克的可笑之處。[17]（這個論點略有些專業門檻，因此難免削弱歐羅克的可笑之處。但即使這樣會減少笑點，卻能增進我們的理解。）假設有A、B、C三種可能的結果，並且你也按這個順序排列這三者的優劣。如果說這三種結果必然有一種會發生在你身上，那麼你首先會希望是A，其次是B，最後才是C。接著，假設擁有複數選項是重要的，如同歐羅克所認為的那樣：不同選項除了其本身的價值之外，那些選項的存在也具有終極價值。這麼一來，擁有B和C這兩個選項就比單純得到B而沒有其他選項來得好。這樣聽起來沒什麼問題。奇怪的是，如果A只稍微優於B，而擁有複數選項又有其價值，那麼選擇可以擁有B與C這兩個選項而不是只得到A，也可能是合理的，儘管在單獨考量時，你更喜歡A。在B和C之間做選擇的價值，是B的價值（假設你選擇B）再加上擁有複數選項的價值；如果你認為在B和C之間做選擇的價值，大於A和B之間的差距，那麼擁有B和C這兩個選項就比單純只得到A來得好。但這也太荒謬了！誰會寧願在兩個各自都比不上A的選項之間做選擇，而不直接選擇A呢？

這並不是一個修辭性問句。在痛痛快快地享受了一場牙痛之後，地下室人採取了我稱之為荒謬的那種選擇，並且對於像我這樣「自以為聰明的傢伙」嗤之以鼻：「他們憑什麼認為人一定會想要做出在理性且有利的選擇？人們真正想要的只是**隨心所欲的**選擇，不管這種隨心所欲需要付出什麼代價，也不管會導致什麼後果。至於選擇會帶來的結果，這當然只有魔鬼才知道囉。」[18]如果你與這位享受牙痛的仁兄有相同的選擇取向，那麼你現在應該知道自己已經走偏了。選項其實不具有歐羅克以為的那種價值。

這一切都指向前面提到的謎題，一道關於懷舊的謎題，尤其是為何懷念的對象總是青春時期那些更寬廣的可能性，我就是如此。如果我對自己人生的發展不感到後悔，那麼過去那些不同選項究竟有什麼吸引力？為什麼我會希望擁有自己不會採取的選項？我是否只是感到有些困惑？

還不到急著給答案的時候，我們先來仔細分析費瑞斯和德沃金的論點。他們認為，擁有選項並非總是有價值的，而且這種價值是有限的。如果在單獨考量時，你更喜歡選項A而非B或C中的任何一個，卻選擇在B和C之間做決定，而不直接選擇A，這是愚蠢的行為。儘管如此，想要擁有複數選項仍然可能是理性的：你可能會希望擁有在選項B和C之間進行選擇的機會，而不希望眼前只有一個選項以致別無選擇。

無論是希望有選擇還是希望沒有選擇，背後都有充分的理由。一個結果的意義可能會受到是否有其他選擇的影響，並且這個結果的價值可能因此改變，無論這種改變是好是壞。蘇菲面臨的兩難之所以可怕，部分原因即在於，雖然那兩個孩子中注定有一個得死，但無論她選擇的是哪個孩子，她原本都有可能救下那個孩子。在這種情況下，被迫做出選擇就比沒有選擇更糟。

一個比較歡樂的例子是佩林（Reginald Perrin），他是諾布斯（David Nobbs）一本小說裡的主角，這本小說後來被改編成一部令人難忘的電視劇。[19] 如果你對一九七〇年代晚期的英國情境喜劇不熟悉，我先簡單說一下劇情：佩林逃離了他在陽光甜點公司那份重複單調的工作，偽裝自己已死，把衣物和行李箱丟在沙灘上。經歷了一長串荒誕的冒險後，他頂著「馬丁．威爾本」這個假名回到家鄉，娶了「佩林」的「遺孀」伊莉莎白，並接受陽光甜點公司僱用，接替「佩林」的工作。以如此費力而滑稽的方式重演自己的人生究竟有什麼意義？佩林到底想證明什麼？

> 到底為了什麼？為了證明他不僅僅是由佛洛伊德式口誤（Freudian slip）、創

傷經驗、糟糕教育和資本主義徒勞所組成的產物？證明他不僅僅是由自己四十六年人生當中的每一天乃至每一分每一秒所累積出來的產物？證明他可以做出不是完全可以預測的行為？證明他的未來不受制於過去？證明他不會在早已命定的某一天當中的某一分鐘死去？證明他擁有自由？[20]

儘管恐怕會又毀掉一個笑話，但我還是要說明：佩林逃離的不是他自己的人生，因為他的人生雖然荒謬，卻也不比其他任何人生來得差；他所逃離的，是自己別無選擇的感受。他的天才之處在於砍斷自己的平庸人生之後，卻又把這樣的人生重演了一遍，只不過這一次加上了他的意志表達。佩林與伊莉莎白的婚姻以及他在陽光甜點公司的工作，在故事結尾所帶有的意義和一開始不同，即使表面上看起來很相似。在故事結尾，這個世界已不是一個他無法逃脫的牢籠，而是他自己選擇的結果，儘管此一選擇顯得頗為諷刺。

佩林的故事是對歐羅克與地下室人的一種風趣回應。他對於擁有選項的重視程度足以令他違抗傳統，但不足以讓他犧牲比較好的結果而在比較差的選項之間做選擇。他巧妙地在上述論點的矛盾中找到一條出路，彷彿那個矛盾注定只能由他解決一般。他是一位存在主義英雄。

他也是我在懷念過去時謹記於心的一個例子。即使一切順遂，但渴望擁有複數選項並對現有處境的限制感到厭惡，仍然是合理的反應。我現在已經不可能成為自己曾經想像的那種詩人或者醫生了。如果我現在選擇繼續從事哲學工作，我不再是在過去那些廣泛的選項中做選擇，而是從現在更加有限的選項中做決定。就這方面而言，我現在的選擇所承載的意義與我在十七歲時的選擇已經不同了。有些東西已經失落了。中年不僅意味著錯失了其他可能的生活方式，還意味著那些曾經的選項已無法為當下的生活帶來意義。就像本章開頭提到的那位同事一樣，我們都希望我選擇做這份工作是因為我想要做，而不是因為我必須支付帳單。

另一方面，我們也有遭到欺騙的風險，可能會把流失可能性所帶來的負面影響，錯當成個人現有人生的缺陷。感嘆中年的限制並沒有錯，但如果我們認為應當為了打破那些限制而做出劇烈改變，就未免有些糊塗了。畢竟，捨棄A而選擇擁有B和C這兩個選項，只會導致狀況變得更糟。事實是，除非你有像佩林那樣的聰明才智，否則你在中年做出的決定不可能像二十年前那樣有意義；而且，就算是佩林也無法逆轉時間的流逝。

因此，哲學提供的更多是建議，而非另一條規則。這麼告訴你自己吧：雖然我們確實有理由改變自己的人生，比如工作令人沮喪、婚姻失敗、健康狀況不佳，但改變本身的吸引力可能只是一種假象。由於擁有選項本身是有價值的，所以你會懷念那些曾經擁有的選項：這是懷舊情感存在的原因之一。但這種價值很容易被高估。如果以為擁有選項就能彌補選擇後的結果不盡理想，這樣的想法未免太傻氣。在拆毀自己的住家前，請三思。你厭惡的是屋內的空間，還是房屋的牆壁？

慰藉

我們還有最後一條線要探討，這條線匯集了過去和現在、懷舊的渴望與未能實現的希望。我們的故事始於在中年錯失有意義的渴望這項無可避免的事實。單口喜劇演員萊特（Steven Wright）以逗趣的話語說道：「你不可能擁有一切，否則怎麼可能有地方放？」[21]

錯失這件事也不是什麼新鮮事。我在十七歲那年就知道自己必須決定要走哪條路了，是詩歌、醫學，還是哲學，我心裡是清楚的。儘管我爸很堅持，但我就是無法只利用閒暇時間讀讀哲學或者寫寫詩而感到滿足。但我當時雖然知道自己一定得有所取捨，內心卻沒有現在這樣的失落感。更令我羨慕的另一件事是，年輕時的我不曉得為什麼不會因為渴望沒有實現而感到痛苦。到了中年，我們所有人都深受其害。

這種看法的轉變該怎麼解釋？既然錯失從一開始就是注定的，為什麼隨之而來的情感成本會增加？一個明顯可見的改變是，過去我所擔心的損失是關於未來的，而現在，我所感受到的損失已經變成當下正在發生的事，或者已成過去的事。那些我沒有經歷過的人生，現在成為了我不再擁有、也永遠無法擁有的生命經驗。然而，如同我們在第五章將看到的，時光飛逝雖然在中年危機當中扮演了一定程度的角色，但因為錯失而產生的懷舊情感，根本上並不是由時間推移造成的現象。

我們可以藉由進一步簡化我原本就已相當簡單的人生來凸顯這一點。假設我在十八歲時必須無可反悔地選擇一項職業。這是一個困難的決定，因為我一旦做出決定，就會開始感受到現在困擾我的這種失落感。我會提前體驗到一種剝奪感，心裡想著那些我不會有機會寫的詩，還有那些我不會有機會拯救的生命。儘管我的損失尚未發生，卻無法保護我免受沮喪之苦。

即使在我未經簡化的實際人生裡，踏上哲學這條路的決定雖非不可反悔，但仍然帶來了類似遺憾的感受，因為我放棄了其他的未來。我之所以羨慕十七歲的自己，不是因為我擁有所有這些未來選擇，而是懷念我必須做出決定之前的那段時光，懷念我還不知道自己會錯失什麼的那段時光。用哲學術語來說，這種看法的轉變不是時間性的，而是「認識性的」（epistemic）：與知識有關。知道自己會錯失一些好東西，和知道**究竟**是哪些東西，兩者之間存在著根本性的差異；同樣的，知道自己無法達成所有抱負，和知道**究竟**是哪些抱負無法達成，兩者在情感上也有很大不同。我在知道自己不會成為詩人或醫生之後，才感受到錯失的痛苦，而不是在知道之前。

或者，應該說是在我實際做出決定的那一刻，在我認真考慮的時候，我才真正體驗到內心的掙扎。而且，不只有我這樣。經驗證據顯示，我們在面對所做抉擇可能涉及無法彌補的損失時，往往深感掙扎。二〇〇一年的一項調查，探討了消費者在面對各具優缺點的車輛時，如何做出購買決策的過程。「研究者發現，**在做決定時不得不進行取捨，會讓人感到不開心且猶豫不決。**」[22]這項發現非常堅實，在後續多次研究中反覆得到證實。[23]在無法共量的價值之間進行選擇，會在特定條件下提前喚起渴望無法得到滿足的感受。難怪這會令人感到厭惡。也難怪我們會不願意做出決定，因為無論我們怎麼選擇，都必然會感到不滿。

懷念過去與錯失之間的連繫，並非源自我們曾經有機會擁有一切，而是因為在過去的某個時刻，我們還未必須做出選擇，因此不必面對隨之而來的損失。在現實中，那些無法回頭的選擇，並不是在十八歲時簽下某種合約一次性決定的，而是隨著時間推移逐漸累積出來的。選項會隨著時間的流逝逐漸減少。我們往往在不知不覺中忽略了這一變化，直到為時已晚，才發現自己已經別無選擇。於是，我才會在四十歲的今天，嚮往著十七歲時的無憂無慮，因為那時我還不知道自己將會錯失什麼。

儘管如此，如同我先前試圖解釋的，對於青春的這種描繪不盡真實。這種描繪忽略了一個主要缺點：當你不知道自己未來不會做什麼時，你也無法確定自己將來會做什麼。如果要揭露懷舊衝動中的違背常理之處，一個方法是想像其他滿足這種渴望的方式。假如我渴求的是不要知道自己錯失了什麼，以免感受到失去的痛苦，那我何不盼望自己罹患逆行性失憶症？我可以藉由忘記自己做過什麼而重拾十七歲時享有的優勢，也許還記得自己想成為詩人、醫生或哲學家，但不記得自己究竟選擇了哪一個。這個假想情境聽起來可能很奇怪，但它的確具有吸引力，因為它能夠暫時緩解情感上的痛苦。我有一個理由應該羨慕那個失去記憶的自己，這個理由與我懷念青春時期那種擁有許多機會的感受是相通的。對於十七歲的自己，我羨慕的不是他的未來，而是他不那麼受遺憾所苦。另一方面……如果你真的可以選擇罹患失憶症，我也不認為你會這麼做，而且我也是一樣。原因顯而易見，喪失記憶是極為痛苦的，部分原因是這樣會造成身分認同的災難性喪失。我是誰？我要拿我的人生做什麼？

我們不該忘記，十七歲時的自己其實也有一些類似中年危機的感受。不知未來將如何，可能讓人感到自由，但也會讓人感到迷茫。作家梅根．達姆（Meghan Daum）在不久之前的一篇文章裡談到了這種矛盾：

> 我現在無論到哪裡，幾乎都不會是人群中最年輕的那一個，這時我才意識到自己對於從前那些時光最懷念的東西，就是當時最令我難以忍受的東西。我懷念的是一切都還沒起步的感覺，也就是未來高高聳立在過去之上，而當下只是規劃中的一個階段，這些規畫將構成我未來人生天際線的閃亮建築群。不過，我忘了的是當時那一切所帶來的孤獨感。如果一切都還在未來，就表示過去無從依靠。你沒有壓艙物，也沒有順風的推力。你幾乎完全不知道該做什麼，因為你幾乎什麼都還沒做。我想這就是為什麼智慧會是老化的安慰獎。智慧理應能讓我們找到更好的事情去做，讓我們不只是站在那裡，目送過去的長長陰影籠罩在未來之上。[24]

即使一切順遂，也難以避免懷舊情感的困擾。在這種情況下，明智的做法是回想年少時遊樂場的荒涼：那種充滿不確定性、困惑、希望和恐懼的狀態。

我的主張是，對於錯失選擇的懷念，其實受到事後回顧的扭曲。由於我目前的處境相對穩定，身分認同也頗為穩固，所以不免把因此產生的自信在一定程度上投射於我的過往。同時，在那個過往，我擁有一個開放的未來，並且對未來將發生的事情一無所知，也就不會因沒有實現的渴望而感到痛苦。然而，這種事後回顧的視角充滿假象。你不可能既知道自己現在是誰，又不知道自己現在是誰。

最後，我要提出一項認知療法。如果你像我和華茲華斯一樣，對童年的不確定性感到懷念，認為那時幾乎一切都有可能，那麼請你這樣告訴自己：你渴望的東西其實近似於逆行性失憶症。要滿足這樣的渴望，那些為你的人生賦予意義的結構也必須一併消失。這種渴望的吸引力是虛妄的。除此之外，我們可以再加上先前的兩項準則：你唯一能避免錯失的方法，就是大幅縮減這個世界或你對這個世界的反應；而且，擁有選項的價值十分有限，不值得你為此捨棄現有的人生。

以上就是利用哲學工具來處理自身過往的初步嘗試：教你如何面對那些你沒有走的路、沒有選擇的人生。從某種程度上來說，懷念青春以及對錯失感到後悔，都源於對價值的錯誤看法，或是未能理清自己內心渴望的真正含義。這些錯誤正是本章提供的哲學探討所能幫助解決的問題。我不確定你能從我提出的論述中獲得多少慰藉，我只希望這些觀點對你有些幫助。但我必須衷心地說，這些觀念確實在我應對中年過渡期時發揮了重要作用。

我預期有人會提出抗議。哲學家最喜歡互相反駁，所以一定會有人說我採取了一種比較簡單的方式。畢竟，根據我的設定，我們討論的是一種一切順遂的人生，並不涉及因錯誤、不幸或失敗而產生的後悔。真正的挑戰不在於在確信選擇哲學並非錯誤的情況下接受自己永遠無法成為詩人或醫生，而在於接受自己永遠無法收回那些不應該說的話或做的事，接受無法改變過去對自己造成傷害的事件，接受沒有第二次機會的事實。哲學或許能為那些處於相對幸運的情況下、抱怨一些小事的人提供些許慰藉，但對於不是這些人的其他人來說，哲學能做什麼呢？哲學家是否有所進步，或者找出了新的技術來處理更苦澀且包羅廣泛的後悔呢？在第四章，我們將會知道這個問題的答案是肯定的。

第四章
追悔

錯誤、不幸、失敗：你不該做出的選擇、你不該面對的困難、結果不如預期的計畫。沒有人能夠走到中年卻不曾遭遇這些經歷。現在的問題是該如何處理這些經歷。該如何看待生活不如自己所願的現實？哲學無法改變過往，但可以幫助我們接受過往。在這一章裡，我將試著說明怎麼做到這一點。

在我們開始之前，我必須先回應一種可預見的質疑。聽到我們的問題——該如何看待錯誤、不幸和失敗？——有些人會覺得答案清晰明瞭得令人沮喪。我們還能採取什麼態度？除了自我欺騙或者繼續懷抱妄想，我們不就是只能虔誠且堅決地希望那些事情從未發生過嗎？除了無謂地希望歷史能被改寫，我們還能做什麼？真希望我當初說了實話，真希望檢查結果是陰性，真希望我再等一年，一切就會不同，甚至比現在更好。執著於過往是徒勞的，何況時間也可能會沖淡憤怒或羞恥的感受。但自欺欺人絕對毫無意義。在理查·福特（Richard Ford）出版於一九八六年的小說裡，一個名叫巴斯康（Frank Bascombe）的體育作家，他表現出來的直白坦率態度就很令人欽佩。

> 我暫且只說這一點：體育寫作裡不但有許多事實，同時也有不少謊言，如果說體育寫作能夠教導你任何東西，那就是你的人生如果要有任何價值，你就遲早必須面對可怕而灼人的後悔。不過，你也必須設法避免後悔，否則人生將會毀掉。[1]

他的忠告就是：不要搞砸。你一旦搞砸，那就太遲了。

但並不會太遲，至少不必然如此。福克納那句經常被曲解的格言就說：「過去從未逝去，它甚至從未成為過去。」[2]錯誤、不幸和失敗是一回事，後悔則是另一回事。我們可以將當初應該做的事、想要的事或接受的事，與後來回顧時所偏好的事區分開來。尤其是在結果出乎意料時，這種區分的必要性更加明顯。哲學家華勒斯（Jay Wallace）提出了一個很好的例子。[3]假設我承諾要開車載你去機場，但在你要搭機那一天，我卻懶得起床。你錯過了飛機，後來才發現那班飛機在海上墜毀，全機無人倖存。我違背承諾，這是一件不該做的事，但回頭看，我並不會希望自己當初做出不同的選擇，你也絕對不會！

上述的區別並不特別細微，但經常遭到忽略。在《後悔：揮之不去的可能性》（*Regret: The Persistence of the Possible*）一書中，心理學家珍娜．蘭德曼（Janet Landman）引用了蓋洛普（Gallup）於一九四九年所做的一項民意調查，從全美成年人口中抽樣詢問，請他們回答「人生中至今為止犯過最大的錯誤是什麼」。[4]六九%的人願意承認自己犯過一個大錯。排名第一且領先其他答案不少的錯誤是沒有接受更多教育，有二二%的受訪者提到這一點。一〇%的人表示自己在婚姻裡犯了錯誤；八%的人則表示自己選錯了職業。一九五三年，蓋洛普又進行了一項調查：「總體而言，如果人生能夠重來，你會以與現在大同小異的方式過生活，還是會做出不同選擇？」[5]結果只有不到四〇%的受訪者表示自己會做出不同選擇。蘭德曼無法解釋這一顯著下降的原因。難道說杜魯門在短短四年內就大幅減少了對人生感到不滿的人嗎？真是奇蹟！不過，這兩次調查所問的問題並不相同。第一個問題是關於錯誤，也就是你過去不應該做的那些事情。第二個問題則是關於後悔，也就是如果你現在能夠，你會希望收回的那些決定。然而，當你收回了那些決定，不僅會消除錯誤，還會消除人生中因為那些錯誤而導致的所有後果。這是一個更令人不安的前景，所以難怪數字會大幅降低。對於一個錯誤感到後悔，不只是承認自己搞砸了，也是希望自己當初沒有搞砸，希望能夠將這個錯誤及其造成的影響，一併從歷史中抹去。

所以，仍然有一線希望。即使我們犯了錯、遇到了不幸、看著自己的努力白費，我們還是可以在誠實面對過去與後悔之間尋找一個平衡點，既承認過去的事實，也希望把時間倒轉到事情出錯的那一刻。理論上來說，至少我們不用去找一臺時間機器來彌補中年時期的遺憾。我們需要的是一種理性的方式，藉由思考過去事件與現狀的關係，來改變我們對那些事件的看法。接下來，我們將探究實現這一目標的可能性，首先從比較直截了當的方法開始，並承認這些方法的局限性，接著我將嘗試說明其他更強大但也更費解的手段。希望到最後，你能找到一些派得上用場的策略。

一種暫時的狀態

作為暖身，一起來想像一個虛構版本的我：那個我，因為哲學的就業市場慘淡而不敢投入這個領域，最後成為一位會計師。假設——如果有會計師正在閱讀這段文字，那我先說聲抱歉——這顯然是個錯誤（就我所知）。我做了一個明知故犯的選擇，各種證據都告訴我，我會嫌棄會計工作單調乏味，薪水雖高但內容非常無聊。然而，試想一下，如果我錯了呢？不像那場出乎意料的飛機墜機慘劇，我預期的壞結果根本沒發生，反而出現了奇蹟般的好結果？多年後，我一面看著大衛．華萊士（David Foster Wallace）的文字，一面點頭如搗蒜。他在自己最後一部未完成的小說手稿中留下了這段筆記：

事實證明，極致的幸福——那種每分每秒都充溢於心中的喜悅與感恩，感恩自己能夠獲得活在世上並且具備意識的贈禮——與令人難以忍受的無聊乏味是一體的兩面。仔細專注於你能找到的最無趣的事情（例如報稅，或者高爾夫球賽的電視轉播）。如此一來，你從來不曾體驗過的煩悶將會如浪潮般淹沒你，幾乎足以令你喪命。但只要撐過這些煩悶的浪潮，你就會像是從黑白踏入彩色一般，像是在沙漠裡遊蕩幾天之後突然找到了水。你會感到體內的每一個原子都充滿了無盡的幸福感。6

這就是我（虛構的我）擔任會計師的經驗：查帳、檢查檔案、報稅，無窮無盡地一再重複，雖然枯燥乏味得難以言喻，卻神祕地轉變為無盡的喜悅。

要對自己所犯的錯誤不感到後悔，一個簡單的方法就是事情的結果比你預期的來得好。我無法預知會有這樣的幸福感悟，但既然現在我已經體驗到了，我很慶幸我犯下了那些使這一切成為可能的錯誤。如果你回顧自己的人生，應該會發現一些類似經歷，可能是微不足道的小事，也可能是重大事件。錯誤是人類境況無可避免的一部分：事情的結果可能比你預期的更好或更糟，有時會彌補一個錯誤的決定，有時會拖累一個良好的決定。（這同樣適用於那些不是由你決定的事，即那些發生在你身上而不是由你主動去做的事。）

另一方面，期待事情總是往好的方向發展並不是一個可行的計畫。事情是否會有好的結果，既不是你能決定的，也不是你能控制的；這不取決於你的想法，而是依賴運氣。因此，儘管「錯誤帶來意外好結果」這個概念本身簡單易懂，但對於那些已經進入中年、努力接受自己過去錯誤的人來說，瞭解這個概念對他們的幫助很有限。瞭解這個概念對某位娜塔莉小姐沒有幫助：她放棄了前途光明但不穩定的音樂家事業，轉行成為一名工作內容毫無驚喜的企業律師，經常對年輕時的決定感到後悔。瞭解這個概念也對庫雷西（Hanif Kureishi）《親密關係》（*Intimacy*）這部小說裡的男性敘事者也沒有幫助。他知道自己結婚的決定並不明智，最終也親眼看著婚姻以失敗收場：「她第一次把手放在我手臂上的時候，真希望我當時能夠轉頭離開。我為什麼沒有？真是浪費；浪費時間也浪費感情。」[7]

接下來要討論一個更加有趣也更加困難的情況，也是一個你可能會需要幫助的情況。如果你做了不應該做的事，或是發生了你希望不會發生的事，而結果也確實和你原本想的一樣，你要如何平撫內心的後悔呢？假如沒有令人驚喜的意外結果呢？這時還有其他任何事物能夠減少內心的不滿嗎？

實際上真的是有。在近代哲學裡，對於這一事實的認識可以追溯到一項著名的思想實驗（至少在哲學家之間相當有名），而為這項思想實驗打響名號的也是一位非常有名的哲學家。帕菲特（Derek Parfit）誕生於中國，父母是傳教士醫師；他就讀伊頓公學（Eton），接著進入牛津大學修習現代史，然後在二十三歲時轉向哲學。一九六七年，帕菲特在萬靈學院（All Souls College）獲得眾人夢寐以求的「萬靈學者獎」（Prize Fellowship），並在那裡待了五十年。帕菲特擁有古怪的習慣、銳利的眼神，以及有如瘋狂科學家的蓬亂白色捲髮，是個富有浪漫氣息的人物，他那引人注目的形象甚至讓《紐約客》雜誌刊登了一篇略帶困惑的人物特寫。[8]我們在第五章談到死亡的時候，還會再提到他。但在一九七六年時，他思索的是新生命。[9]

在帕菲特發人深省的假設中，你罹患了一項疾病，而你在接下來三個月裡只要懷孕，胎兒都會受到那項疾病影響。屆時產下的孩子，將會患有無藥可治的嚴重先天疾病，對他的生活品質造成影響：例如慢性關節痛或者復發性偏頭痛。由於你沒有現在必須立刻懷孕的急迫原因，所以帕菲特得出的結論是你應該等待。然而，這引發的問題是，為什麼應該等待？畢竟，你要是現在懷孕而生下一個孩子，那個孩子並不能埋怨說，要是你多點耐心等待，他的人生就會比較好過；因為你要是等了，就根本不會有他的存在！你要是等了幾個月或是幾年後才懷孕，你生下的將會是另一個孩子，而不是他。但對我們而言，重點不在於這道謎題本身（儘管這道謎題有許多可能的解答），而是在於你如何看待過去。這是你的兒子，一面成長茁壯，一面掙扎不已。他的人生整體來說不錯，卻深受那些可以預見的痛苦所折磨。當初你或許應該選擇等待，但現在呢？你會對自己的決定感到後悔嗎？你該不該希望改寫過去、抹除你兒子的存在，然後再從頭來過？你內心一定有一股壓力，要求你必須對這個問題提出否定的答案。

你本來應該要等待，但你卻慶幸自己沒有這麼做。這種態度的轉變是什麼原因造成的，又是如何合理化的呢？其實很簡單，正是你兒子的存在使你轉變了態度。你深愛你的兒子，而他也很高興能夠活在這個世界上。你當初要是等待了，他就不可能會出生。是一條人命的價值，它強烈要求被肯定，也消除了隱隱浮現的後悔。你做了一個不好的決定，結果也正如你擔憂的那樣（事後沒有出現意外的轉折），但你還是有理由欣然接受這個過去的決定。那個理由有個名字，就是你兒子的名字。

從這裡我們可以很快接回到前面的傷感律師和庫雷西筆下的失敗婚姻。娜塔莉並沒有獲得和華萊士相同的啟示。法律執業如預期般乏味無趣。她如何能不對自己捨棄音樂的決定感到後悔？她曾如此熱愛音樂，卻沒有以鋼琴家的身分努力闖出一番事業。現在，我們至少在理論上能夠回答這個問題。娜塔莉如果有一個孩子，她就可以這樣告訴自己：「我的工作確實很乏味：我有其他更想做的工作。但如果我當初沒有進入法學院，就不會認識我的先生艾爾，而我如果沒有認識他，我的女兒珊姆就不會出生。我當初要是堅持走鋼琴的路，就不會有她的存在。我這麼愛她，自然不可能希望人生能夠重來。我不否認這樣的人生有些失落（儘管有個智者告訴我，失落是無可避免的），但我整體而言並不覺得後悔，而且我也不認為我應該後悔。」庫雷西筆下的主角傑伊也可以對自己說一樣的話：他當初要是轉頭離開，他深愛的兒子就不可能會出生。

我們有所進展了。避免對錯誤、不幸與失敗感到後悔的一個方法，就是讓事情的結果比預期來得好。不過，就算沒有這樣的結果，感到後悔也不是必然的。我為那位煩悶的律師所設想的心裡話，並不是某種晦澀難懂的智識把戲，而是一種簡單易懂的與過去和解的方式。各位父母，你們要是還沒試過這個方法，不妨試試看。在中年深受後悔所苦的你，可以問問自己：在我的孩子誕生之前，曾經有過的那些失誤與困境——如果沒有它們，她就不會存在——哪些是我願意接受的，作為她存在的代價？這些過去的經歷，儘管當時應該令你深感悔恨，現在卻成為你無法後悔的部分。

這項療法的效果如何？絕對有其局限。不同於提出墜機例子的華勒斯，我並不認為對我們所愛之人以及促成他們存在的歷史應該給予無條件的肯定。[10]華勒斯若是堅持他的信念，可能會得出一個極端的主張：如果我愛我的兒子，而納粹大屠殺要是沒有發生，就不會有他的存在（因為我太太的外祖母在一九三八年逃離了德國），因此我就必須對希特勒的崛起抱持肯定的態度，儘管我對此深惡痛絕，從而陷入一種無解的矛盾狀態。[11]相較之下，我更偏好一種比較中庸的觀點，也就是情感依附的力量有其限制。如果過去的事件真的很糟，情感依附頂多能抵銷一部分的後悔，只足夠使心情變得複雜，但不足以徹底推翻後悔。

另一項局限則是：我們發現的策略只適用於與孩子誕生相關的過往事件。這項局限帶來的阻礙有多大？好消息：如同混沌理論家以所謂的蝴蝶效應所指出的，對於過往就算只是做出微不足道的改變，也會造成大為不同的未來。[12]你在自己兒子還是女兒誕生前所做的事或經歷的許多事件，都符合這項策略的條件：如果沒有那些事件，他們就不可能存在。壞消息：在孩子出生之後，你就沒有這個理由可以倚靠了。後續的災難如果要得到救贖，就必須仰賴其他手段。

由此可見，訴諸新生命作為消除後悔的手段有一個極大的缺點。在正常情況下，只有親生父母能夠使用這種手段，而且也只有幾年的適用時間。最直接的一種例外就是：我們後悔的如果是當初不生小孩的決定，這個方法就完全失效了。哲學是否支持這種感性觀點，也就是將孩子視為化解失望的良藥，一種能修復過去創傷的獨特意義基礎？還是說，慰藉可以來自其他地方，這種慰藉既不依賴運氣，也不依賴生育的價值，而且能同時讓無子女者和為人父母者都獲得安慰？這個問題真是不容易回答。

子女的替代品

我們不是最早提出這個問題的人。吳爾芙在她終生書寫不輟的日記裡，一次又一次談到生兒育女的問題：包括她自己選擇不生育的決定，以及姊姊瓦妮莎·貝爾（Vanessa Bell）截然不同的人生。她在一九二三年一月二日的日記裡寫道：

> 我們昨天從羅德梅爾（Rodmell）回來，我今天又陷入了以前那些護士總稱之為情緒低落的那種狀態。這到底是什麼，又是為什麼？一種對於子女的渴望吧，我想；渴望瓦妮莎的人生；渴望眾多花朵在我身周不由自主地綻放的感覺。……許多年前，在利頓事件（譯按：利頓指的是吳爾芙的初戀對象利頓．斯特萊基〔Lytton Strachey〕）之後，我一面爬上拜羅伊特（Bayreuth）那座小丘，一面對自己說：絕對不要假裝你未曾擁有的東西就不值得擁有；我覺得這是很好的忠告，至少我經常想起。舉例而言，絕對不要假裝子女能夠由其他事物取代。[13]

在吳爾芙的例子裡，她用小說來替代子女。六年後，《歐蘭朵》（*Orlando*）被《曼徹斯特衛報》（*Manchester Guardian*）讚譽為「傑作」，而吳爾芙再次反思自己的失落。

《歐蘭朵》得到了應有的認可，被視為一部傑作。《泰晤士報》（*The Times*）沒有提及瓦妮莎的畫作。然而，昨晚她說：「我花了很長時間在其中一幅畫上。」然後，我心想：所以，我除了沒有子女之外，還是擁有一些東西，並且不禁開始比較我們的人生。我注意到自己逐漸捨棄那些渴望；我逐漸沉浸於——以不盡準確的用語來說——「理念」當中：一種精神願景。[14]

實際的人生不是思想實驗，姊妹也不是反事實的自我。不過，吳爾芙的問題也是我們會遇到的問題。對於活動（如寫作）或者作品（如《歐蘭朵》）的情感依附，是否能夠像子女那樣，對後悔產生療癒的效果？吳爾芙能像那位傷感的律師一樣表達她的感受嗎？她會怎麼說？「也許我應該嘗試生個孩子；究竟該不該，實在難以確定。不過，我無法對我沒有做的事感到後悔。如果我成為母親，寫作的時間必定會減少，焦慮和分心的事情則會變多。至少有幾本書我無法寫出來。我既然如此深愛這些作品，自然不會希望改變過去。」

介於對自己孩子的情感依附和對單純物品的情感依附之間，還有一種情感依附，對象是那些不是由你創造出來的人，那些人的存在不取決於你。另一個問題是：親密關係能對後悔產生多大程度的彌補效果？吳爾芙在《燈塔行》（*To the Lighthouse*）觸及了這個主題：

她半笑半埋怨地問道，他到底在發什麼牢騷？因為她猜到了他的心思——他要是沒有結婚，必然會寫出更好的作品。

他說他不是在抱怨。她知道他沒有抱怨，也知道他根本沒有什麼好抱怨的。他緊緊握住她的手，舉到嘴邊，熱切地印上一吻，讓她不禁熱淚盈眶，然後他迅速放下了她的手。[15]

不確定這個案例是否合乎我們的模型，因為瑞姆塞先生（Mr. Ramsay）可能並沒有走錯路：他也許認為結婚帶來的好處勝過於付出的代價。然而，我們可以試著想像另一種情況。再以娜塔莉為例，假設她沒有子女，而且她也務實地認為自己如果沒有認識她的丈夫艾爾，也還是會過得很好。她可能會嫁給另一個人，或是過著快樂的單身生活。但另一方面，她深愛艾爾，而如果她沒有選擇學法律，也就不會認識他。她是否能夠以他們的感情為理由，欣然接受自己當初的錯誤選擇呢？

一九七九年，哲學家羅伯特．亞當斯（Robert Adams）發表了一篇精采的論文〈存在、自利，以及邪惡的問題〉（Existence, Self-Interest, and the Problem of Evil），他在文中給出了肯定的回答：我們對活動、作品和親密關係的情感依附，確實可以讓我們在事後合理地肯定那些當初不太想接受的事件。他認為這種情感忠誠不同於父母對子女的愛，更類似於我們對自身存在的肯定。

> 在合理的自我關注中，我們內心所依附的，不單純只有存在方面的形上認同，還包括我們的各種計畫、友誼，以及我們個人歷史與性格中的一些

重要特徵。如果我們的人生順遂，我們就會像慶幸自己存在於這個世界一樣，慶幸自己擁有了這段人生，而不是希望擁有另一個更好但完全不同的人生，正如我們會慶幸存在於這個世界上的是自己，而不是其他更好、更快樂的人。[16]

我不知道你怎麼想，但對我來說，這段文字既充滿智慧，又異常令人困惑。根據這段文字的建議，如果娜塔莉對自己的人生感到足夠滿意，那她偏好自己實際擁有的這個人生是有道理的——這個人生裡有她的丈夫艾爾、她的朋友，還有她的嗜好和興趣、優點與缺點——而不是那些可能對她個人來說更好、整體上也更理想的人生。亞當斯的說法或許不無道理，但這是為什麼呢？怎麼可能理性地去偏好一個你認為比較差的選擇？亞當斯可能揭示了一個關於人類境況的深刻真相，但如果我們停在這裡，不再深入探討，這個真相就會顯得模糊不清。在本章的最後一節，我將說明我對這個真相的理解。但在此之前，我們需要先仔細探討這個真相為何如此難以掌握。

我們先從柏拉圖談起，他在公元前四世紀初撰文討論自己的老師蘇格拉底。在一系列的柏拉圖對話錄裡，蘇格拉底都是其中的一個角色，以其諷刺性的語言、犀利的智慧和矛盾的觀點著稱。蘇格拉底有一個頗為惡名昭彰的論點是：「沒有人會自願追求不好的事物或是自己認為不好的事物……而不去追求好的事物。」[17]希臘人所謂的「akrasia」（意志薄弱），是指在自由且有意識的情況下，明知故犯地做出違反個人理智判斷的行為，從事自己認為比較糟糕的事情。按照蘇格拉底的說法，這種情形根本不可能發生。這是多麼令人震驚的主張！因為放眼望去，未能採取自己認為應當的行為，是一種令人沮喪的普遍現象。然而，即使堅認明知故犯是人類常態的現實主義者，通常也會承認，做出違反個人理智判斷的選擇是**不理性**的。如果我一邊想著自己應該戒菸，卻同時拿起另一根菸來抽，這就是違反理性的行為。

將蘇格拉底的觀點（即沒有人會故意選擇自己認為不好的事物）擴展到討

論人們的偏好與渴望時，自然會得出下面的推論：雖然人們可能會渴望自己認為不好的事物、不渴望自己認為好的事物，甚至偏好自己認為更糟的選擇，但這些態度都是徹底不理性的。但這樣一來，亞當斯就是錯的。依照蘇格拉底的思路，我們那位娜塔莉律師會認為自己應該在當初情況允許的時候堅持繼續學鋼琴，鑒於她的律師人生並沒有比預期來得好；此外，她也無法以孩子的存在來為過去的錯誤選擇辯護。不過，如果她是依循亞當斯的思路進行思考，她則會因為擁有現在生活中的那些情感依附而慶幸自己沒有選擇音樂的道路，儘管她承認她的實際選擇是比較不好的。這種想法恐怕會讓蘇格拉底在墳墓裡也無法安息。

過去幾十年間，行為經濟學家對追求最佳結果的主張提出了質疑。「滿意主義」（satisficing）策略──這一術語為司馬賀（Herbert Simon）於一九五六年提出[18]──認為我們應該滿足於那些「夠好」的結果，而不該因為知道還有其他更好的選擇而焦慮不安。這是應對現代生活中選擇過多的一種方式。[19]滿意主義者如果要買一件新襯衫，只需找到一件合身、好看且價格合理的產品，就會停止購物。而極致主義者（maximizer）則會持續不斷尋找，因為其他襯衫有可能更便宜又更時髦。那時間成本呢？他們也會納入考量：這又是一個需要衡量和精打細算的因素。有夠累啦！

滿意主義也許是明智的方針，卻無法證明那位肯定人生的律師就是對的。聲稱「我知道應該還有其他更好的選項，但我不打算去找，因為現在這個選項就夠好了」，跟「我知道有個特定的選項比這個選項好，但我不想要」，是截然不同的兩回事。第一種說法有其道理，但我們這裡要討論的是第二種說法。娜塔莉認為，以鋼琴家身分追求成功的那個特定選項，比她實際採取的選項更好。她當初應該選擇那條道路，只是她現在已不偏好那個選項了。

我們也無法用滿意主義來解釋她的態度為什麼會出現這樣的轉變。如果滿意主義是合乎理性的，那娜塔莉應該可以提前採取這種策略，從一開始就用這個策略為自己的決定辯護：「法律對我來說就夠好了，何必搞什麼音樂？」但實際情況並非如此。娜塔莉最終對自己做出了她認為是錯誤的選擇感到慶幸。

或許她是在做出決定後才改變想法，開始奉行滿意主義？但儘管如此，這種解釋仍有所不足。我們從滿意主義中得到的，頂多是對更好的選項無動於衷，而不是積極渴望別的選項，例如喜歡法律勝過音樂。對著打翻的牛奶哭泣也許枉然，但不表示我們就應該對牛奶被打翻的事實感到高興。

如此一來，我們開始看出亞當斯的洞見所帶有的問題。他主張的是一種前所未有的方式，將理性的比較判斷和個人的渴望區分開來：也就是說，去渴望你理性上認為較糟的選擇。如果這樣不算不理性，那怎樣才算不理性呢？

至於生育那個案例，我們可以這樣解釋：「沒錯，我當初應該晚點懷孕，那會是更明智的選擇，結果也可能如我所預期的一樣。但現在情況已經不同了。正因為我當時選擇了懷孕，才有了我兒子的存在，他的存在改變了一切。」但如果把這段話套用在活動或物品上面，就不太有說服力了。在一個影響力超越哲學的領域，也就是西方文化中的自由人文主義傳統，人命的無可替代性正是將人命的價值與其他事物的價值區分開來的關鍵。我們在第一章提到的康德，曾比較尊嚴和價格。「具有價格的東西可以由其他等值的東西取代，」他寫道：「但超越價格、沒有等值之物能夠替代的東西，則具有尊嚴。」[20]人命具有不可替代的尊嚴，而這正是你為何不該希望逆轉時間、抹除你兒子的存在，然後重新來過的原因。但一件單純的物品，就連《歐蘭朵》這樣的傑作，都是有價格的：就算不是以美元計價，也是康德概念中有價格的東西。所以，如果吳爾芙有可能寫出一部更好的小說，我們卻不希望她當初真的有寫出來，這顯然是不合乎理性的。

上述道理從人類的實際行動來看尤其明顯。大約三十年前，哲學家布拉特曼（Michael Bratman）指出，雖然投入各項計畫會促使我們承擔起責任，要求我們有始有終地完成它們，但僅僅因為開始了某項計畫，並不會自動為繼續追求這項計畫提供更多的理由。[21]如果會的話，那麼不好的決定就會單純因為被做出來而變得合理，這顯然是荒謬的。舉個普通的例子，假設我回到了研究所時期，正在決定春季學期要修什麼課。我可以上邏輯學，這門課對我的工作有幫助，可是對我來說比較難；或者，我也可以上倫理學，但雖然我知道上這門課我會很開心，我從中學到的東西卻會少很多。這兩個選項對我的吸引力不相上下。最後，經過仔細衡量優缺點之後，我認定上邏輯學是比較合理的選擇，那才是我該修的課。不幸的是，意志薄弱偏偏在這個時候發作！我對邏輯學的那一大堆符號心生畏懼，結果違反自己的理智判斷，而選修了倫理學。如果一項計畫的實際存在即是肯定那項計畫的理由，就像子女的存在一樣，那麼我就可以把自己正在上倫理學的課當成肯定這項選擇的理由，然後在事後欣然安慰自己：「我犯了個錯，可是我很慶幸自己犯了那個錯，因為我如果選了別門課，這門課就不會存在。」這樣的說法顯然不太對。和物品一樣，計畫的價值也不是尊嚴，而是價格。我沒有理由只因為自己正在做某件事，對那件事的喜愛就要勝過其他更好的選項。

親密關係則更為複雜。情侶不會因為和另一個人交往可能會有更好的關係，就立刻拋棄現有的伴侶。然而，如果你真心認為自己和X結婚會比和Y結婚更好，而且Y也還是會過得不錯，你難道不應該希望自己一直以來的交往對象是X嗎？也許現在想這些已經太遲了，但我們不必因此無視那段原本可能發展成功的親密關係。

重點是，我們仍然不確定亞當斯的想法是否明智。被告知我們能夠肯定自己實際擁有的人生，而且其中各種活動、物品與情感關係的存在，都能夠彌補過往、化解後悔，這樣的說法確實相當鼓舞人心。不過，這也未免太過美好，令人難以置信。

無知是不是福？

讓我試著進一步說明。

至少還有兩條道路值得探索。儘管其中一條比另一條更深奧，但它們各自都有啟發性。根據第一條道路，回顧的關鍵特徵在於，當你回頭審視自己的人生，你所面對的是已成定局的過往，毫無風險可言。你的過去已然存在，不再有任何不確定性。相較之下，渴望重寫歷史則是渴望冒險，冒險尋求更好的結果。判斷這種渴望是否合理，取決於你對風險的態度，特別是你是否認同「一鳥在手勝過兩鳥在林」的觀念。在這點上，你現在的情況與當初展望未來時完全不同，因為當時你無論如何都必須面對風險。

想想娜塔莉在音樂與法律之間做選擇的情況。用經濟學的術語來說，娜塔莉有些許的風險趨避傾向。她願意冒一些風險，但不願冒太大的風險。假設她必須在兩個賭注之間做出選擇：賭注A是硬幣擲出正面得四十美元，擲出反面得十美元；賭注B是正面得一百美元，反面得零元。在這種情況下，娜塔莉會選擇賭注B，並認為不選B是不理性的。（賭注A的「期望值」——報酬乘以機率——是二十五美元；賭注B的期望值則是五十美元。）然而，如果她必須在賭注B和手中已有的四十美元之間做選擇，她會選擇直接拿四十美元而不是繼續賭博，並且她也認為這樣做是理性的。

以上所述和重大的人生抉擇有什麼關係呢？關鍵在於，從娜塔莉的角度來看，法律就像是賭注A，結果的上限雖然不高，但下限也還可以。結果可能會比預期更好或更差，但她大概會擁有一份收入不錯的工作，生活品質也不會太差。音樂則像賭注B，上限較高，但下限也比較低。儘管娜塔莉熱愛鋼琴，卻有很高的機率會遭遇失望和職業上的失敗，可能必須承受多年的挫折與心碎，最後又得不到什麼成果。經過綜合考量，娜塔莉認為自己應該冒這個險。選擇音樂賭一把，會比選擇法律來得好。然而，她最終還是沒有堅持這個想法，而是進入法學院就讀，選擇了相當於賭注A的選項，後續的發展也就是我們現在所看到的。

當娜塔莉回顧過去，她意識到她的生活狀況已經和從前不一樣了。身為律師的人生沒有出現太多波折。娜塔莉並不厭惡自己的工作，收入也很高；她擁有丈夫艾爾，還有她的朋友、她的嗜好、她的假期。從她當初預期的各種可能情形來看，這樣的結果相當不錯，比較接近於得到四十美元，而不是十美元。娜塔莉仍然認為自己放棄鋼琴是個錯誤，等於是選擇了期望值較差的賭注A，而放棄了期望值較高的賭注B。但如今她對這個決定的後悔已經發生了變化。她現在會放棄身為一名成功律師的人生，去冒一個結果無法預測的險嗎？答案很可能是否定的。當娜塔莉現在回頭看，她所比較的兩個選項變成是賭注B（硬幣擲出正面得一百美元，反面得零元）和手中握有的四十美元。在這種情況下，拒絕冒險是完全理性的選擇。

這裡的決策機制與之前提到的那些出乎意料的結果有些相似，例如那場不幸的飛機墜毀事件和我那奇特的幸福感悟。然而，這並不一定是基於錯誤的信念、計算失誤或事實上的錯誤。就像我之前提到的，娜塔莉對於機率和可能結果的判斷可能完全正確，但事情的發展仍然存在不確定性和風險。如果避險是理性的選擇，偏好已知的好結果而非追求可能更好但不確定的前景也是理性的。同樣的，當你在事後回顧時，你開始接受那些你當初不應該做出的決定，也可以被視為合乎理性。

要在認知治療中運用這種思考方式，你需要問問自己對風險的容忍度。這是一個因人而異的問題，但我們可以提出一些簡單的原則。首先，當你反思過往的錯誤或是不樂見的事件，並問自己「我是否希望那件事沒有發生？」時，不要幻想最好的情境，例如贏得一百美元。你要提醒自己，結果是不確定的，第二次機會的結果可能更好，也可能更糟。第二，專注於你抓在手裡的那隻鳥。你現在已大致知道事情如何發展，而你正在將這個確定的過去與一個充滿不確定性的冒險做比較。只要你的現實人生足夠好，而且你的風險趨避傾向相當高，那你會對現狀感到滿意就完全是理性的，就算情況原本可能會更好，就算你始終認為今日的情況是由過去的錯誤導致。

我們那位傷感的律師就是在這樣的思維下，接受了自己的工作並擁有了一個最終令人羨慕的人生。風險趨避的策略對她有效，也可能對你有效。不過，這種策略的效果有其限度。首先，當你錯過的那個選項不涉及太多風險，或一開始就占有優勢，這種策略就失去作用了。也就是說，當你回顧過去時，你還是有可能覺得那些冒險的選擇比你現在擁有的結果更具吸引力。此外，訴諸風險是一種令人沮喪的負面做法，帶來的更多是無可奈何，而非喜悅。我們能否為肯定人生找到一個更積極正面的論點？我認為可以。

首先，讓我們來回顧一下。我先前提到過，我有過成為詩人或醫生的夢想，但最終選擇了另一條人生道路。儘管我堅定地認為投身哲學是合理的選擇，仍然不免感到失落。現在，請想像一下，如果這是我無法承認事實呢？也就是說，其實我心裡明白自己應該成為醫生。對我而言，習醫是更好的選擇，更有意義，也更不自私。然而，出於一種想讓父親失望的叛逆心理，我因此選擇了他最不可能認同的道路。我違背自己的理智判斷，主修哲學，從此踏上一條無法回頭的人生道路。我沒有不喜歡自己現在的人生（絲毫沒有），但我確實認為自己在這件事上犯了錯。那麼，我是否仍然不得不對此感到後悔？

檢視我們探討過的那些策略，我可以訴諸子女這個理由：我當初要是選擇成為醫生，就不會認識我的妻子，我的兒子也就不會存在。但我們也可以稍微修改這個人生故事，把子女這個理由排除掉。在我們新編寫的敘事裡，我沒有子女，也無意生育。（這是一則虛構故事：內容如果和任何已逝或在世的人物有所雷同，純屬巧合。）此外，我也無法聲稱自己獲得什麼震撼的感悟，發現哲學比我預期的更值得追求。我現在仍然認為成為醫生會是一個更好的職業選擇，我的想法並沒有改變。而且，雖然我的人生發展得還不錯，但因為我的風險趨避傾向並不強烈，所以也不會認為捨棄當前生活改走行醫道路是錯誤的決定。因此，我們先前討論過的那些策略都幫不了我。但儘管如此，我仍然並不後悔自己過往的選擇。

要解釋為何我並不感到後悔，就需要最後一次回顧先前的內容，這次回顧的是第三章結尾。當時，我因為受到無知的保護，得以避免因未能滿足的渴望而感到痛苦。在選擇哲學而捨棄寫詩與習醫之前，我已經知道自己不可能什麼都要。然而，我當時並不知道自己會錯失什麼。這使得接受失去的事實變得容易得多。只有在做出決定，並且不僅知道自己會失去一些東西，更確知具體失去了哪些東西之後，我才被迫面對那些無法實現的事情，也是直到那一刻，我才真正感受到痛苦。這種情感的轉變必須從認識論的角度加以解釋：它與知識有關。知道我會錯失一些我重視的活動，與知道具體會錯失哪些活動，這兩者帶來的情感衝擊截然不同。

痛苦的感受其實也能帶來積極的一面：無知能夠幫助我們避免受到負面情感的衝擊，而相反的，知識則能夠放大好事帶來的情感影響。知道某個事物有價值，與知道它的價值所在，是兩回事；同樣的，知道渴望的背後有其理由，與知道那些理由是什麼，也是兩回事。我們如果只是籠統地知道自己的人生會有所欠缺，我們的反應自然不如具體瞭解究竟欠缺哪些東西時來得強烈。同理，比起模糊地知道另一個人生更好，具體瞭解當前這個人生究竟好在哪裡，也自然會引發我們更強烈的反應。

在一個假設的故事情境裡，我確信自己當初應該選擇習醫。然而，我對這個選擇所涉及的內容其實知之甚少。我可以概括描述，如果我選擇成為醫生，會因為擔任住院醫師而必須投入大量時間在工作上；我會拯救一些生命，也會有救不活病人的時候；我會盡力憑藉自己的臨床技能還有同情心來照顧病患。但事實上，我對於從醫的理解極為有限。我相信我會因為從醫而享有更好的人生，但對於這種人生的肌理質地，以及讓這份工作如此有價值的內在本質，我所知甚少。

我對哲學的瞭解就遠遠超過對醫學的瞭解，多非常多。我知道有些學生因為學習哲學，而覺得自己有生以來第一次真正擁有自己的想法，初次感受到啟蒙的滋味，彷彿能與帕菲特或休謨對話。我不敢說那是我的功勞，但我確實在場見證了這一切。我深知哲學史的價值，而且不只是籠統地知道，而是透過無數智識與人性故事得到了深刻認識（例如彌爾的故事），每個故事都為我們提供了持續關注這些知識存續的理由。儘管我的理解可能不夠透徹，我仍隱約懂得艾瑞斯．梅鐸（Iris Murdoch）筆下這句話的意思：「從事哲學就是探究自己的性情，但同時也試圖發現真理。」[22]這一切無法透過一個段落、一篇文章或一本書有效傳達，即使由那個我原本可能成為的詩人來執筆也是如此。

你也可以用同樣的觀點來審視自己的人生。如果你發現，人生中那些美好的事物、重要的時刻、親密的關係，以及日復一日、年復一年構築而成的複雜生活紋理，沒有豐富到讓你必須用千言萬語來描述，那你的人生可能會顯得有些貧乏。（誰說不好的事物也有其複雜細節，可以用無數言語描述，但我的觀點仍然成立。）

我們生活在具體的細節中，而不是抽象的想像裡。相比於籠統地認為某件事更好，具體地感受某件事為何美好，往往更能激發我們的强烈反應；如果這樣的反應是理性的，那麼我為自己選擇當哲學家而非醫生感到慶幸也是合理的，即使我仍然相信這是一個相對較差的選擇。我不後悔的原因，不是因為厭惡風險、不是因為我有了孩子，也不是因為我原本低估了哲學，而是因為生活的豐富性與無窮的獨特性，就像布勒哲爾（Bruegel）在他的農民畫作中描繪的那些紛繁細節。

儘管這樣說可能有些冒昧，但我想向吳爾芙提出這個想法。雖然她沒有子女，但她擁有的並不僅僅是《歐蘭朵》這部小說，而是其中的詞語和文句、意象、語境、想像，以及它對人生的勾勒：「有如一個明亮的光環，一個半透明的外殼，從意識的起點就包覆著我們，直到終點。」[23]我也希望這個想法能對你有所啟發。

錯誤、不幸、失敗：沒有人能夠達到中年而不曾經歷這些。我敢說你也一定有過屬於你的這些遭遇。其中有些因為風險趨避傾向、孩子或是運氣而得以緩解，但也有一些無法如此。你也許會想要盤點自己的過去，想要解決過去的問題所造成的後果，這本身並沒有錯。但要避免犯另一個錯誤：從宏觀角度思考，把你的生活細節抽象化，然後問自己應該要什麼。一旦進入這種抽象的思維方式，你就會忽視理性肯認（rational affirmation）的一個重要來源：不是活動、物品和親密關係的的單純存在，而是它們不可思議的豐富深度。不要只從抽象概念上衡量不同的選項，而是應該拉近視角，聚焦於具體的細節，把這些細節與那些你沒有選擇的抽象生活圖景進行對比。這樣一來，你也許會發現自己對於那些你當初本應該拒絕、卻沒有拒絕的選擇，其實並不感到後悔。

我希望這個建議是對的，但我無法保證。並不是所有的傷口都能癒合。在面對「可怕而灼人的後悔」時，你也許無法得到慰藉。如果真是如此，那我只能表達遺憾。如果你的錯誤所造成的傷害只及於你自己，就比較容易把人生中的細節視為補償而加以接受；但如果那些傷害涉及到別人，事情就會變得非常困難。在庫雷西的《親密關係》裡，傑伊坦承道：「你當然可以用自己的人生做實驗，但也許不該拿別人的人生。」[24]關注細節這個策略的力量雖然強大，卻也有不一定奏效的時候。

我最後再提醒另一項風險。如果說你之所以能夠不受後悔所苦或減少後悔的強烈程度，部分原因在於知識的不對稱——即你對自己原本可能選擇的其他人生相對無知——那麼你內心的平靜就取決於這種知識不對稱的持續存在。為了避免後悔，你必須保持一定程度的無知。然而，這也帶來了相應的威脅。當你對自己錯失的事物瞭解得愈多，對於其他選項會是什麼樣子、涉及哪些情況知道得愈多，就愈難對那些你沒選擇的道路無動於衷。因此，在回顧這一章的末尾，我要提出一項忠告：當心你探究的內容，以及你目光投注的方向。些微的知識無傷大雅，但太多可能就會破壞你內心的平靜了。不要執迷於那些原本可能發生的事情：「無知若是福氣，／聰明即是愚行。」[25]

第五章
一些盼望

西蒙・波娃自傳第三卷的結尾有一段文字令不少人感到困惑不解：

我至今仍能看到那排在風中搖曳的榛樹，以及我對自己悸動的心所許下的承諾；當時，我凝望腳下的金礦，心中充滿對整個人生的期待。我實現了所有那時許下的承諾。然而，當我現在以懷疑的眼光望向當初那個輕信的少女時，才驚覺自己被欺騙得多麼慘。[1]

這是那本書的最後一句話。

身為傳奇女性主義思想家，又曾經是沙特的伴侶，波娃可能有許多理由可以抱怨。那些承諾是否被壓迫性的女性角色理想所扭曲？如同她在《第二性》裡所寫：「女人不是天生的，而是後天形成的。」[2]性別是一種文化建構，且這種建構對女性並不利。她是否對自己可能達到的成就抱持了太過狹隘的看法，是否在令人望之生畏但又激勵人心的沙特面前，對自己的哲學才能有所懷疑？[3]

也許吧，但波娃自己表示，她當時在思考的其實是其他事情。後來《巴黎評論》（*Paris Review*）強力要求她釐清一下那段結語時，她這樣解釋道：

許多人……試圖將〔最後那句話〕解讀為我的人生是一場失敗，有人認為這意味著我承認自己在政治上犯了錯，也有人認為這是我在承認女人終究應該生育子女之類的。任何人只要有仔細閱讀我的著作，就看得出來我的主張恰恰相反，我不羨慕任何人，我對自己的人生感到非常滿意，我信守了我所有的承諾，所以即使我的人生能重來，我也絕不會做出任何改變。[4]

這不是關於錯誤、失敗或者錯失：波娃可以跳過本書的前面兩章。然而，到了五十五歲這個年紀，正處於中年階段的核心，她感覺到自己被時間無情的流逝所囚禁。

當一個人擁有像我這樣的存在主義世界觀時，人生的矛盾在於，我們試圖「成為」某種存在，但最終只是「存在著」。正是因為這種落差，當你把一切都押在「成為」上時（而且，在某種程度上，即使你內心知道自己無法真正「成為」，但當你制訂計畫時，你仍會不自覺地以此為目標），當你回頭審視人生時，你會發現自己只是「存在」過而已。換句話說，人生並不像某些堅實不變的東西，也不像人們所想像的神的生命那樣（那種生命被認為是凡人無法企及的）。你的生活只是一介凡人的生活。[5]

神的行動或許能超越時間的限制。但對我們而言，活生生的現在會變成無生命的過去，最終也將帶走我們每一個人。波娃將她對「非存在」(non-being)的恐懼不安與無可避免的死亡前景連結起來：「我懷著哀傷的心情回想我看過的所有書、見過的所有地方、累積的所有知識，這一切終將消失。所有的音樂、所有的繪畫、所有的文化、那麼多地方：突然間一切化為虛無。」[6]

我們逃避這件事已經太久，現在是時候來面對我們的有限生命了。在本書一開始提到的那篇文章裡，賈克稱這是「中年階段的核心和關鍵特徵：這一特徵凸顯了這一時期的危機本質」。[7]「其中的矛盾在於，你進入了人生的顛峰時期，這是實現滿足的階段，但同時，這樣的顛峰與滿足卻有了時限，死亡緊跟在後。」[8]到了中年，生命的有限性不再是一種抽象概念。你開始真切地理解到一個十年意味著什麼；也知道以十年為單位計算，人生剩下的時間已是一隻手就數得完。這種認識可能會帶來焦慮。

認為哲學能幫助我們面對有限生命並帶來慰藉的想法由來已久。散文家蒙田在一五八〇年寫道：「從事哲學思考，就是學習如何死亡」，[9]他的這一表述，可說是加入了一個古老的傳統，這個傳統可以追溯到公元前一世紀的羅馬哲學家西塞羅，甚至上溯至在雅典監獄裡飲下毒堇的蘇格拉底。蒙田轉向哲學，一部分是因為他最親近的朋友波埃西（Étienne de La Boétie）去世，另一部分則來自他自己在一次騎馬事故中險些喪命的經歷。當時，波埃西三十三歲，而蒙田則是三十六歲。蒙田隨後展開了傳奇般的自我探索，寫下他那部充滿人性關懷與探索精神的《隨筆集》（*Essays*），內容共有五十萬字，主題涵蓋同類相食到賣弄學問，乃至人類的拇指。然而，他的哲學思索最終未能得出理想的結論。「你如果不知道該怎麼死，也沒有關係，」他在倒數第二篇隨筆裡以哀傷的語氣指出：「自然會在你臨終時教會你該怎麼做。」[10]這句話隱含的意思是，唯有死亡本身才能夠消除那種想到死亡時所引發的強烈恐懼與顫慄。

我會試著做得更好，但我不會假裝這是一件容易的事。本章將探究哲學中應對死亡的種種嘗試，過程中會充滿鮮血、汗水與淚水，伴隨著洞見與幻象。

進展將會極其困難。從認知治療師的角度來看，死亡終究是一個毀滅者。

對我們來說就毫無意義？

如果說蒙田是本書這類智性自助指南的先驅，那麼伊比鳩魯更是。伊比鳩魯與亞里斯多德生活在同一個時代，但年紀比較輕，他不僅是哲學家，也是生活導師，在古雅典主持一個充滿田園氣息、與世隔絕的群居團體，名為「花園」。今天，「伊比鳩魯」代表一種充滿感官享樂的生活，如狂野派對與精緻佳餚。不過，如果你在伊比鳩魯的時代前往花園去追求那樣的生活，必定會失望而歸。伊比鳩魯所重視的是「ataraxia」，即平靜和免於痛苦，這需要藉由與朋友安靜共處、過著簡樸沉思的生活來實現。

他認為，幸福所遭受的最大威脅，就是對於死亡的過度恐懼，因為這種恐懼會毒害我們的內心平靜，困擾我們的日常生活。臨終的過程無疑可能令人屈辱且痛苦，所以盼望自己能平靜迎接人生的盡頭是合理的。然而，臨終和死亡是兩回事。在伊比鳩魯眼中，死亡是我們存在的永久終結：沒有靈魂能在死後脫離肉體繼續存在，沒有死後生命，沒有第二次機會。（我認同他的觀點；由於我們對死後會發生什麼感到不確定——例如轉世或永遠待在天堂或地獄——因此每個人在面對死亡這一挑戰時，感受會截然不同。）伊比鳩魯認為，對於死亡的恐懼極為普遍，但他也認為這種恐懼違反理性。矛盾的是，正是死後不再存在的這一事實為人帶來了慰藉、消除了恐懼。「如此一來，死亡這個最可怕的災禍，對我們來說就毫無意義，」他寫道：「因為只要我們還存在，死亡就與我們無關；而當死亡來臨時，我們已不存在。因此，無論活人還是死人都不必擔憂死亡，因為對前者而言，死亡並不存在，對後者而言，則是他們已不存在。」[11]

我不知道你怎麼想，但我覺得這是一種相當冰冷的慰藉。一本熱門的「存在主義心理治療」書籍（歐文・亞隆〔Irvin Yalom〕的《凝視太陽》〔*Staring at the*

Sun〕）毫無批評地複述了這個論點，我讀到時不禁大感震驚。[12]如果這個論點對你有用，那很好，你可以不用再繼續讀我的書了。（敬告讀者以下將有哲學劇透。）至於還願意繼續讀的人：很遺憾，我必須說這個論點並不健全。從「你死後即不存在」這一前提，是可以推導出死亡不會帶來實質的痛苦傷害；但儘管如此，死亡仍然涉及剝奪性的傷害——也就是人生中一切美好事物的永久終止。不再有藝術、不再有知識、不再有和朋友相處的時光，什麼都沒有。這不就是在說，你將面對的是一個沒有痛苦但毫無歡樂、單調乏味的未來嗎？而面對這樣的前景，害怕不正是最合理的反應？想想真是令人沮喪。

停止存在之所以對我們有害，是因為它會剝奪我們原本享有的好處，這種看法在某種程度上算是正統的哲學定論，也是當代哲學家對於伊比鳩魯觀點的普遍回應。死亡的不幸在於，它剝奪了那些使人生有價值的事物，讓我們失去了生活的意義。用我們先前診斷彌爾精神崩潰時所用的術語來說，這種不幸就是存在性價值的喪失：存在性價值不僅在於解決問題或滿足需求等改善功能，更在於能真正讓人生變得美好。如果我們的活動的價值只具有改善功能，那麼伊比鳩魯的論點就有其道理：我們在生命中所能盼望的最佳狀況也許只是免於受苦，而死亡可以實現這一點。然而，人生的實際情況遠不只是追求免於痛苦，這對我們來說既是福，也是禍。根據第二章提出的第二條規則，我們應當追求具有存在性價值的活動，這樣在一切順利的情況下，活著才會是一件美好的事情。

伊比鳩魯的辯護者（確實存在這樣的人）有時會埋怨說我們抓錯了他的重點。他並不否認死亡確實比不上充滿有價值活動的人生，而是在追問我們應該如何看待死亡這一現實。舉例來說，他們也許會主張，對死亡的**恐懼**並不恰當，原因是只有那些可能帶來實質性傷害或者在某些方面充滿不確定性的事物才值得我們恐懼。由於死亡的剝奪是確定無疑的，所以對死亡感到害怕是不理性的。從這個角度來看，這種學究式的吹毛求疵正是哲學家名聲不佳的原因。不管你稱之為「恐懼」、「害怕」還是「哀傷」都不重要，重點是我們許多人面對死亡都會感到深刻的厭惡。伊比鳩魯無法僅憑挑剔技術性細節而贏得這場辯論。事情絕非如此簡單。我們在第四章已經討論過，理性選擇不一定總是與實際的好壞一致。這個道理也適用於我們對死亡的恐懼（理性上知道不該恐懼，但情感上不一定能與理性結論保持一致）。伊比鳩魯的追隨者們卻主張，無論情感上覺得死亡有多糟糕，理性上都不應該對生命的有限性感到驚恐——其中包括他最具影響力的信徒盧克萊修（Titus Lucretius Carus），一位與西塞羅同時代的古羅馬人。盧克萊修繼承了伊比鳩魯的觀點，描繪出一幅迷人的死亡圖像，在這幅圖像中，死亡的樣貌毫無可怕之處。這種對死亡的理解能否應用於心理治療？

鏡中人

關於盧克萊修本人，我們所知極少。數百年後，聖熱羅尼莫（St. Jerome）聲稱盧克萊修在寫《物性論》（*De Rerum Natura*）這首哲學詩的時候發瘋，原因是他服用了一種強力春藥；盧克萊修後來在四十四歲那年自殺。不意外，對於一名基督教聖徒將一位異教哲學家描繪成患上單相思的瘋子，不少學者都表示懷疑。[13]這部作品佚失達一千年之久，直到一四一七年才在一座德國修道院裡重新出土，進而成為奠定義大利文藝復興基礎的文本之一。

如同詩名所示，盧克萊修的探討範圍極為廣泛：基本上涵蓋了一切。其中和我們有關的部分是一個隱喻，雖然看似隨意提及，卻造成了極大的影響。盧克萊修呼應伊比鳩魯的論點，意圖重塑我們和死亡的關係。

回顧過去，思考我們出生之前的亙古過往，我們無動於衷。這就是自然擺在我們面前的一面鏡子，映照出我們死後的模樣。你在其中有看到任何令人害怕之處嗎？你有察覺到任何令人沮喪之處嗎？裡面的景象看起來難道不是比最深沉的睡眠更加平靜嗎？[14]

盧克萊修後來不再重提這個死亡意象，而這個意象所呈現的，或許也僅僅是標準的伊比鳩魯式觀點：當我們不再存在時，即使人生中所有好處都遭到了剝奪，也不可能會對我們造成任何傷害。（見前述劇透內容。）然而，這個意象逐漸發展出自己的一片天地，甚至在哲學之外的領域也能看到它的影響。例如納博科夫在《說吧，記憶》（*Speak, Memory*）的一開頭，將人生形容為「一道短暫的光芒，夾在兩團恆久的黑暗之間」。[15]在哲學領域，這個意象衍生出一道關於死亡的謎題，名為「對稱論證」（symmetry argument），較適合以問題的形式呈現：為什麼我們對於死後的不存在感到無比焦慮，而對於出生前的不存在卻毫不在意？對這兩者的反應差異有什麼合理的理由嗎？這裡的挑戰在於如何解釋並賦予這兩種截然不同的態度合理性，因為無論是生前的不存在還是死後的不存在，本質上都是一樣的。

不是每個人都能如此鮮明地感受到這種對比。我的兒子伊萊剛滿四歲那年，我們一起去看他的外祖父母，我拿了一張妻子嬰兒時期的照片給他看。兩人出現以下對話。

伊萊：這是媽媽小嬰兒時候的照片，我那個時候也是嬰兒嗎？

我：不是，你那個時候還沒出生。

伊萊：我那個時候是大人還是媽媽？

我：不是，你什麼人都不是。

伊萊：好可憐，什麼人都不是。

對於伊萊而言，不存在引起的是難過的情緒，而不是無動於衷。他對死亡的看法可能更為黑暗，但就我所知，我對那潛伏在前方的虛空的強烈排斥還沒有感染到他。要是有的話，他可能會像納博科夫筆下的那個「時間恐懼症患者」（chronophobiac）一樣，只因看見一部在他出生前拍攝的家庭影片就大感恐慌，因為那個世界沒有他的存在。[16]

我們對於出生前的不存在普遍抱持平靜態度，對稱論證即試圖讓我們對死亡也抱持同樣的平靜態度。對稱論證要產生效果，我們必須忽略死去後與出生前這兩者之間的細微差異。別的不提，我如果不是在某一年去世，而是在某一年的十年後才去世，我的壽命會比較長，如果一切順利，我也會享有更多好處。相較之下，我如果是早出生在一九六六年，而不是晚出生在十年後，如此並沒有理由認為我的壽命會因此增加。（而且精算數據顯示，早出生的一代人壽命往往較短。）希望晚點死而不是早點出生有個俗氣的理由：那就是你會活得比較久。另一方面，我如果出生在一九六六年，我的人生就會截然不同，而且很難知道會怎麼發展。第四章結尾探討了兩種會影響我們做決策的心理力量，即風險趨避的傾向以及對獨特細節的重視，都使提早出生這個選項顯得不可取，即使我們假定提早出生能夠帶來額外十年的幸福生活，也無濟於事。

以上這些論點都有道理，但也都淺薄無力。它們並未觸及我們對未來與過去這兩種有限人生的深刻感受差異。我們許多人渴望未來的生命能夠無限延續，渴望沒有盡頭的人生。而如果有人渴望過去的生命無限延展，渴望沒有起點的人生，這種想法如果委婉稱之，可以說是異於常人，一種引人莞爾的古怪癖性，若是不客氣地說，則可以稱之為病態：也就是納博科夫所說的時間恐懼症。（比如說有個人希望自己不是出生於某個時間點，而是自始至終都存在，記得古往今來的每個歷史事件，卻面臨將在五十年後死亡的結局。）人們對待未來和過去態度的差異，這種落差不是因為未來和過去在時間長度上有什麼差別（因為它們本質上都是無限的），也不是因為我們理性地認識到自己當下生活中的好處，或者即使我們認為另一種選擇（比如早一點出生）可能更好，同樣不會影響這種態度差異。

對於對稱論證的擁護者而言，我們對待未來和過去態度的差異，無法用任何理由解釋或賦予合理性。出生前的不存在也許是一種可怕的剝奪，遠不及擁有永恆生命那樣美好，但如果我們對於出生前不存在的反應，超過輕微沮喪的程度，那就不合理了。除非我們能找到其他理由來說明為什麼死亡應該被特別對待，否則我們看待死亡應該和看待出生前的不存在一樣，抱持相同的態度：死後的不存在是一種可怕的剝奪，遠不及擁有永恆的生命，但僅會引起些微的沮喪。理論上，我們可以採取逆向的做法來達成一致性，也就是強化自己對於出生前不存在的排斥，除了對死亡的長期恐懼之外，再加上時間恐懼症。實際上，這種可能性微乎其微。即使是最糟的情況下，我希望人們的反應也僅限於像伊萊那樣：以無可奈何的哀傷看待自己尚未出現之前的時光，對過往有限的時間和未來的必然消亡一視同仁。

於是，我們為那些深受死亡恐懼所苦的人找到了一個有效的治療方法，歐文·亞隆也在書中引用了這個觀點，而他這次的闡述比之前來得忠實、可信。[17]這種治療方法的效果不是建立在某種錯誤的假設上，但它仍然是脆弱的。這種治療方法基於一種信念，即假設出生前的不存在與死後的不存在之間沒有實質上的區別，且沒有任何東西能破壞這種理性對稱的觀點，亦即視兩者為彼此的鏡像。但這個假設真的能成立嗎？

來回顧一下我們在第四章提到的帕菲特，那時他在思考後悔的極限。八年後，帕菲特將他敏銳的目光轉向了一個無可否認的區別：無論出生前與死後的時間在本質上多麼相似，一個已經發生，而另一個尚未到來。出生前的不存在與死後的不存在分別位於時間線上相反的兩個方向，這是否足以讓我們對其中一個的排斥高於另外一個變得合理？帕菲特的觀點相當微妙：我們的願望也許會因為時間的方向而產生不同的反應，我們會以不同的目光看待過去和未來；但我們或許不應該如此。

為了說明他的觀點，帕菲特提出了另一個著名的思想實驗，叫作「我的過去或未來手術」。[18] 以下是這個思想實驗的簡化版：

你在一間醫院裡醒過來。你知道自己住院是為了接受一項重要手術，但不確定這項手術是否已經完成。護士也記不得了：你可能是昨天動手術的病患，在沒有麻醉的情況下遭受了長達四個小時的痛苦折磨；或者你也可能是排定在今天動手術的病患，同樣必須在沒有麻醉的情況下進行，但比昨天的手術要輕鬆，所以只需要一個小時。她會去看看手術登記表，然後再告訴你。

帕菲特問道：你會希望聽到哪個結果？他的猜測是，你應該會希望手術已經在昨天完成，儘管這意味著你經歷更多痛苦。我的看法和他相同。如同帕菲特所言，我們「對未來有偏愛」：比起我們過去已經遭受的痛苦，我們更擔憂未來即將承受的痛苦。[19]對於快樂也是如此，只是方向相反。你如果期待一個歡樂的體驗（例如參加派對），但不確定這個體驗是否昨天已發生過，還是將在今晚發生，那麼你大概會比較希望是後者。未來的快樂比過去的快樂更有價值。（回憶帶來的快樂可能會模糊兩者之間的界線，所以為了避免這種狀況，我們可以設定你在派對結束後，完全不會記得派對上發生的任何事情，無論派對是在何時舉行。沒錯，就是那種非常瘋狂的派對。）

你如果對未來有偏愛，那麼你可能不會認同出生前的不存在與死後的不存在之間有所謂的「對稱性」。[20]你會拒絕前面提到的那種兩者對稱的慰藉。未來的有限性剝奪了你深深渴望的未來快樂，而過去的有限性則只是奪走了你相對不太在意的過往快樂。難怪死亡讓人感到恐懼，不像出生前的不存在，讓人無動於衷。

我們可以把對於未來的偏愛用來解釋波娃的愕然。無論你曾對自己承諾要追求什麼樣的快樂，當你實現那些承諾後，快樂便隨之消失。而且回過頭來看，那些快樂似乎變得毫不重要，或者至少沒有當初你望著腳下金礦時那麼重要。我們終究不免被自己的期望所欺騙。

不過，如同帕菲特會堅持指出的，你對未來懷有偏愛這一事實，並不足以回答一個決定性的問題，即這種態度是否合乎理性。這只能解釋你的感受，卻不一定能夠合理化你的感受。帕菲特主張我們應該捨棄對未來的偏愛，但他並未提出確切證據。針對「時間中立性」（也就是同等看待過去和未來的經驗），他提出的一項主要支持論點是：這樣能緩解對死亡的恐懼。[21]

我想，我們可以說，對未來懷有偏愛是否合乎理性，是哲學中一個尚未獲得解答的問題。一方面，實在很難相信，一般人在面對「希望我的手術是發生於過去還是未來」這種假想情境時，其反應往往是不理性的。另一方面，這種假想情境很快會導致奇特的結果。假設在那場手術預定舉行日子的一週前，有人問你希望在星期一上午接受四個小時的痛苦手術，還是要在星期二下午接受一個小時的手術。你完全可以自由選擇。在這種情況下，除非你異於常人，否則必定會選擇星期二。然而，如果你對未來懷有偏愛，我們便可以充滿自信地預測，當你在星期二一早醒來時，必定會後悔自己的選擇。屆時，你將是置身於帕菲特設想的情境裡，希望自己當初的選擇是星期一那場四個小時的手術，而不是今天下午的一小時手術。如果對未來懷有偏愛是合理的，那麼做出你明知會後悔的選擇（選擇在星期二做一小時的手術，而不是在星期一做四小時的手術，結果當星期二到來時你後悔沒提前解決痛苦）也應該是合理的。這可能正確嗎？

我把這個問題留給你思考，因為現在你正處於人生的半途上，身後已有四十餘年的歲月，如果一切順利，未來的歲月也會與此相當。你能夠採取時間中立性的態度，將死亡的不存在視同於出生前的不存在嗎？隨著時間流逝，「〔你〕可以期待的未來愈來愈少，但能夠回顧的過去卻愈來愈多。」[22]這沒有什麼不好。如果你能平靜看待這種從期待未來到回顧過去的變化，而且不會因此陷入對時間流逝的恐懼，那麼在哲學的幫助下，你將能更好地接受死亡的必然性。

不過，我必須坦白招認。從先前幾頁的內容中你可能已經看出來，我用了許多假設性的語氣，這是因為我自己並不完全認同這個觀點。我不反對時間中立性，也承認時間中立性有其優點，但我認為對未來懷有偏愛也是合理的。比起帕菲特，我本身的性情更接近波娃，更容易對時間無情的流逝感到抗拒，而不太能欣然接受過去已成定局。面對鏡子，我看到的是一個對未來懷有偏愛的人，對死亡仍然抱著深沉的恐懼。對於這個人，我們難道沒有什麼話可以告訴他嗎？

過猶不及？

先撇開對未來的偏愛等外圍影響因素，我們直接來探討不想死的渴望吧。哲學家烏納穆諾（Miguel de Unamuno）用令人印象深刻的熱情表達了這種渴望：「我不想死。不想！我真的不想死，也不願意心懷想死的念頭。我想要一直活下去，永永遠遠地活下去。」[23]這種不想死的渴望，其實等同於對永生的渴望。這讓我想到另一個治療的角度：如果我們能夠說服自己永生並不值得嚮往，或許就能更容易接受死亡。

哲學家早已提出過許多論點，指出永生並不像人們所想的那麼美好。英國哲學家伯納德．威廉斯（Bernard Williams）認為，永生最大的威脅是煩悶：炙人、強烈且令人絕望的煩悶，不會隨著時間轉化為極樂。[24]美國哲學家瑪莎．納思邦（Martha Nussbaum）與薛富勒（Samuel Scheffler），則認為，問題在於異化。[25]永生與我們有限的生命在本質上完全不同，也因此，那些在我們有限生命中具有意義的活動，在永生的情況下可能會失去意義。此外，也不是只有哲學家質疑永生。從希臘神話中那位獲得永生但未獲永恆青春的提托諾斯（Tithonus），到奈特莉・芭比特（Natalie Babbitt）的經典童書《永遠的狄家》（*Tuck Everlasting*）中那個四處流浪的家庭，幾乎所有關於永生的小說、戲劇或電影，都將永生描繪成一個反烏托邦的世界。波娃自己也寫過這類故事：《人皆有一死》（*All Men are Mortal*）。在書中，一名女演員的失望、掙扎，與永生貴族雷蒙・福斯（Raymond Fosca）無意義的漫長生活形成鮮明對比。

這麼多批判永生的作品，如果不是反映了我們對於接受有限生命的深刻需求，就是一種迫切想要掩飾真相的做法。我不會試圖判定是何者，儘管我內心有自己的傾向。對於永恆的迫切渴求，有一種較為簡單的反駁。無論永生可能多麼美妙，激切地渴望人世間不可能存在的東西，這難道不顯得有些過度嗎？畢竟，生命有限只是意味著我們沒有永生這種超能力，當我們哀嘆生命有限時，卻往往將其視為一種深重的不幸。對於被診斷出不治之症感到哀傷是合理的，因為這樣的病症會導致你無法享有完整的人生。希望永生也可能是合理的，但因為這種渴望無法實現而痛徹心扉，算是理性的反應嗎？

一個朋友分享了對於超人的熱愛，說他希望自己也能夠「速度像子彈一樣快、力氣比火車頭還要大，並且能夠一躍即跳過高樓大廈」。我覺得很合理：誰不希望如此呢？然而，幾個月後我和他見面，發現他氣色很糟。他一直睡不好，總是在一身冷汗中驚醒，內心充滿焦慮，為自己無法從眼中射出雷射光而深感苦惱，也為自己僅是一介凡人、沒有氪星人的能力而牢騷滿腹。他是不是應該冷靜一點？沒擁有超出人世間範圍的能力算不上不幸，這不應該讓你感到絕望。

對於永生的渴望和前述例子有什麼不同呢？即使永生看似美好，但永生如同飛行的能力，對人而言，是一種超越常理的神奇特質，如果因為欠缺這種特質而感到哀傷，未免過於荒謬。死亡的威脅在四十五歲降臨，這也許會讓我們感到厭惡，但死亡如果發生在人類壽命的終點，八十五歲或九十歲，那我們還應該為此感到氣憤嗎？我們已經度過了應有的歲月，儘管我們可能還想繼續活下去，但執意強求不免顯得貪婪：這是一種對生命無恥且病態的渴求。這種批評也適用於波娃，因為她埋怨自己的生命不是「神的生命」，不是恆久的存有，而她的生活「只是一介凡人的生活」，受制於時間的流逝。[26]夢想自己能夠活得像是永恆的神祇是一回事，但因為這只能是夢想而感到被朦騙則是另一回事。從這個角度來看，波娃對於生命有限的焦慮顯得過度，是一種貪婪的表現，是對超能力的無節制要求。

我們應該把永生視為一種徹底改變人類現狀的現象，就像人類長出了翅膀或透過細胞分裂來繁殖一樣；我們應該思考對哪些事物的渴望是合理的，以及我們應該為哪些事物的欠缺感到氣憤或哀傷。在我自己的研究中（儘管我必須承認這些研究並不科學），我發現這樣的思考能讓生命有限的前景看起來沒那麼糟糕。即使無法完全消除對死亡的恐懼，我們至少可以反省對永生的強烈渴望，因為這種渴望只會讓死亡帶來的傷害雪上加霜。

我向來不會放過任何自我反省的機會，但這樣做能帶來的慰藉恐怕也有限。（希望我這樣說不會妨礙你已取得的進展。）第二種治療方法的根本局限在於，它將對永生的渴望視為追求超出人類能力範圍的極致利益。這種療法認為，對永生的過度渴望是錯誤的，因為這種渴求是一種貪婪和占有欲，應該被抑制。然而，面對死亡時，渴望永生並不是造成恐懼的唯一來源，還有其他更難控制的因素。除了自利（為自己追求最佳利益）之外，還有自我保存的本能：兩者的動機並不相同。

要區分這兩者，一個方法是檢視一種現象，這種現象雖然在哲學中常被忽略，但在中年階段，我們與自身有限生命的關係中，它卻占據核心地位：那就是喪失親友與失落的經歷。進入中年，死亡往往變得不再那麼抽象，不再是遙遠地平線上的一道波峰，而是打進你人生中的一陣巨浪，吞沒了你深愛的人。你只能眼睜睜看著他們滅頂。哲學家通常以第一人稱的視角來思索死亡，但一些與死亡最深刻的相遇往往從朋友的去世開始，這是一種普遍經歷，而非偶然現象。在現存最早的文學作品中（可追溯至公元前二一〇〇年），吉爾伽美什（Gilgamesh）即是因好友之死而展開追尋永生的旅程：

吉爾伽美什因好友恩奇杜之死而落淚，
他悲痛地穿越荒野，一面不停哭泣。
「我也一定會死嗎？
我會像恩奇杜一樣，也失去生命嗎？
這股哀傷在腹中啃咬，我如何能承受？
這股對於死亡的恐懼，不斷驅使我向前……[27]

而對許多人來說，通常是父母的去世讓他們深切感受到死亡的真實感。

容我冒昧提出一些非專業的心理分析。心愛之人的去世之所以讓我們感到天崩地裂，不只是因為死亡本身。我們會認為死亡剝奪了他們的生命：這是一種嚴重傷害，尤其是在死亡來得太早的情況下。我們深愛他們，希望他們一切安好，所以我們不希望他們死。然而，除此之外還有另一種反應：一種明確而原始的渴望，希望他們能一直存在。這種感覺的重點不在於他們的福祉，而是在於失去，失去一個重要的人。由於我們深愛他們，對他們懷有深厚的情感依附，因此不想放手。

愛至少有兩個面向：一方面是關心對方的福祉，希望他們享有最好的事物；另一方面是感受到一種值得保存的價值，一種對人類生命尊嚴的熱切推崇。當你愛上一個人時，你會認為他們的存在至關重要，無可取代。（第四章討論過的康德對尊嚴與價格的比較在這裡又出現了。）這些不同層面可能會互相衝突。你心愛的人如果深受無藥可醫的病痛折磨，只能接受安寧療護，那麼繼續活下去對他們來說可能已經沒有任何好處。然而，即使你認同這一點，為了他們著想而希望他們能夠早日解脫，你仍然需要克服另一股相反的力量，也就是情感依附。儘管他們的時刻已經到了，但在某個層面上，你還是不希望他們離開。你必須努力說服自己，才能接受這個自己明知對他們是最好的結果。

至少我是這樣想的。（但我必須承認，在討論這種關於親人去世的情感反應時，概括而論往往缺乏效力。）如果以上的陳述引起了你的共鳴，就意味你能夠把兩種渴望區分開來：一種是希望你心愛的人享有最好的事物，另一種是希望他們繼續活下去。我雖然把第二種渴望稱為「依附」，但這種渴望不一定是不想失去對方的自私心願，而是渴望他們不要從世上消失。當我想像我兒子臨終的情景時（希望會是在我離開人世許久以後），總是預設他成為了一個老人，全身乾巴巴，動作緩慢，一副精疲力竭的模樣。我對這樣的情景同樣深感排斥。令我難過的不是我們關係的斷絕（早在那之前就不免發生），而是伊萊的不復存在。這種對於永生的間接渴望，不是因為我希望他享有最好的事物，而是愛的真誠展現。

除此之外，還有對自己的愛。面對死亡，與其從內心出發，將失去所愛之人視為我們自身有限生命的反映，不如從外部來看待死亡，把喪親之痛作為我們應如何感受死亡的參考。關於人終將一死這個事實，悲傷的原因並非單一。我希望自己能享有最好的事物：如果永生真的是無盡的美好，那我難免會因無法實現而感到失望。但我對自己持續存在的渴望，還源於另一種更原始的情感，也就是對自己的情感依附，這並非是出於看重自身的福祉，而是一種對自我價值的深切認知，一份我與全人類靈魂所共同分享的尊嚴。

我們第二種治療方法的問題在於，它的根本缺陷是只關注一種渴望，而忽略了另一種。如果對永生的渴求是希望自己能享有最好的事物，那這種渴求就相當於希望擁有超能力：這本身完全合乎理性，但並不足以成為感到憤恨或哀傷的合理理由。僅因希望無法實現而感到痛苦，其實是貪婪的表現。但僅僅減弱這種渴望並不足以讓人接受死亡，因為還有不可取代性的感受未被處理，也就是希望自己能夠持續存在，就像你希望自己心愛的人能夠持續存在一樣。由於這種希望持續存在的渴望而對消亡感到畏懼（無論持續存在帶來的結果對你來說是好是壞），並非過度反應。所以，這種治療方法只有局部的效果。其療效取決於你為什麼排斥死亡，取決於死亡的什麼面向令你感到困擾：是對好處的剝奪，還是單純的生命終結？

另一方面，透過他人的死亡來反思自己的死亡，將面對死亡視為一個如同進行哀悼的過程，能讓我們有所收穫。這提醒我們，對人生的要求不應超越人類現狀的可能範圍，並且認識到：無論多麼痛苦，我們都可以逐步學會接受死亡，即使死去的是你心愛的人，即使那個心愛的人是你自己。你現在也許覺得不可能，但在經歷過父母或朋友去世後，你將學會如何放手，而你我有一天也都必須對自己放手。如果我們現在就能做到，那當然更好。

苦澀的結局

本章的結語很難寫。就算只是出於自利，我也希望能證明對死亡感到恐懼其實是一種錯誤，而哲學可以治癒我們對生命有限性的哀傷：不是藉由戰勝死神而逃過一死，而是藉由揭示無盡求生渴望中的某些迷思。然而，結果並非如此。當我躺在床上輾轉難眠，心裡想著自己人生最終的時刻、最終的樣貌、最後的碰觸、最後嘗到的滋味，而感到陣陣恐慌時，我並沒有犯下邏輯錯誤。這種絕望無法被駁斥，也沒有任何概念區分能讓它消失：「這是一種特殊的恐懼／沒有把戲能驅散。」[28]（這又是拉金的詩句，就是那位寫下「性交始於一九六三年」的詩人。）

但哲學並非毫無用處。思索出生前的不存在，即我們出現之前的虛無，其實與死後的虛無並沒有本質上的不同：這種治療方法應該能幫助那些對未來不偏愛的人。因為他們可以將死亡的虛無與我們出生前的虛無等同看待，認為死亡不過是後者令人失望的重現。而教人將永生設想為一種超能力，一種奢侈的天賜贈禮，而不是合理的要求：這種方法則能幫助那些比較願意付出愛心、關心他人的人，因為他們的目標是希望自己和他人都能享有最好的生活，但不會有強烈的衝動去渴望生命的延續，或為生命的脆弱而過分悲傷。他們能夠理解，對永生的渴望是一種無節制的要求。

我的猜測是，如果上面的治療方法對你有效，那你原本就不像拉金或我那樣害怕死亡，你調適得很好，也不容易陷入失眠的恐慌。但無論如何，我還是把方法提供給你。如果一位醫生在沒有治癒自己前就不願幫助他人，那也未免太吝嗇了。何況，我的探索還沒結束。而且，即使對我來說死亡恐懼仍然存在，我還是能從愛的不同表達方式中找到一絲希望，尤其是藉由區分依附（attachment）與關心（concern）。我從中看到了一種無私的愛，即希望他人能夠享有最好的一切，但不至於因情感依附而無法放手。我們找到了一種方法，既接受生命的有限，又不否定生命的價值。

在這一點上（情感依附並非必要），我認為西塞羅、盧克萊修與蒙田在西方哲學中留下的思想遺產，與佛教的某個分支有相似之處，彼此遙相呼應。佛教的基礎是四聖諦，看似簡短明瞭，但實際上內涵非常深刻複雜。頭三諦都可以用一句話概括：人生多苦；苦源於情感依附（苦來自集）；滅苦是目標。第四諦則是「八正道」，這不免讓四聖諦的數字顯得有些矛盾。（所以，到底有幾條聖諦？十一條？還是更多？假如八正道中的某些部分又不只一條呢？）八正道獨樹一格，挑戰了我們對於內心如何得到滿足的理解，一般以為要憑藉智識，但八正道卻是一種並非僅憑智識就能掌握的真理。要實踐八正道，必須持續透過正念來淨化心靈。因此，認知治療在這裡就失效了：你可以學習如何不執著，過一種沒有情感依附的生活，但這不是單憑讀書就能做到的。

與佛教徒不同的是，我不認為情感依附必然帶有自私的占有欲。每當我預想伊萊的死亡，就會感到一陣暈眩，但我不認為那是一種自私的反應。這是一種基於伊萊本身價值的合理反應，而非倫理錯誤。但儘管如此，佛教主張情感依附並非必要，且愛能夠在沒有依附的情況下存在，這一見解確實蘊含洞見。在黑暗的兩極之間——一邊是對愛的逃避，另一邊是無可避免的哀傷——出現了一道微光。我們應該瞄準那道微光，作為前進的方向。

問題在於如何做到。關於如何度過中年危機，佛教傳統中也提供了一個解決方案——只是這個方案目標遠大，但效果如何仍不明確。在本書最後一章，我將討論另一道東西方思想的交匯，進而引導讀者認識佛教的正念觀。西方思想與佛教的八正道有可以相融合的部分，但兩者融合而成的水流，存在著不少複雜與模糊之處。我也將為「活在當下」這個心理自助領域的陳腔濫調注入新生命，並規劃出一條路徑，幫助我穿越自己的中年危機深淵。此外，我還會大膽探討外遇、提早退休，以及閃閃發亮的跑車。如果這正是你所引頸期盼的內容，你很快就能如願以償。

第六章 活在當下

我站在麻省理工學院的辦公室裡，雙手抱胸，盯著電腦螢幕上的游標在「活在當下」這個標題下閃爍，內心猶豫不決。我真的想寫這一章嗎？

我當然想。我已經為這本書努力了幾個月，前面更構思了多年。我想把這本書寫完。但老實說，這個念頭讓我感到害怕。我不禁自問：「假設這本書完成了，文字經過修訂和編輯，校樣也送回來了：你會有巨大的喜悅與幸福感嗎？」結果，一股無可抑制的自我意識明確回答道：「不會！」我頂多會有一股矛盾的感受。我寫完這本書以後，將會因為自己完成了一件我認為值得做的事情而感到高興，但也必須向這個對我來說深具意義的計畫道別。這會在我的生活中留下一個空洞。

如果經驗具有參考價值的話，那這個空洞不必太久就會被填滿。我會有其他計畫要忙：一堂必須教的課、一本必須讀的書、一篇必須寫的文章。我會繼續向前進。不過，這種前進就像是在跑步機上跑步一樣。人生是一連串的計畫，完成一件之後就拋在身後，數量慢慢增加。未來只會帶來更多我在過去已經歷過的那些成就和失敗。它與我已經過去的生活唯一的區別，只在於數量上的不同，只不過是活動的持續累積罷了。

工作只是其中之一，還有私人生活中的各種傳統里程碑：第一個吻、第一任女友、失去童貞、訂婚、結婚、生孩子、為孩子包尿布、養育他們直到高中畢業、進入大學，然後看他們展開自己的人生，也就是諧星史都華・李（Stewart Lee）所謂的「人生樂事真是有夠沒完沒了」。[1]這些成就對我很重要，但每一項都是苦甜參半：滿懷渴望、努力追求，而終究在完成之後感到失落。這件事結束了，接下來呢？

一再重複與徒勞無功的感受，以及渴望滿足後的空虛：我不是唯一有這些感覺的人。也許你也有過類似的感覺，深陷於中年的各種追求中，一項接著一項，不停思索接下來要做些什麼。我們是中年危機的典型受害者，努力實現那些看似值得追求的目標，雖然取得了相當的成功，但內心卻常感焦躁不安，且難以滿足。

儘管我的經歷在某種程度上與彌爾的經歷有相似之處，但第二章提出的治療方法對我的痛苦卻毫無效果。問題不在於寫作一本書或者教授一堂課，就像彌爾的社會改革運動以減少人類苦難為目標那樣，都只具有改善性價值。無論哲學探究在解決問題或是滿足那些我們本來不需要、甚至沒有會更好的需求等方面有何作用，它的價值遠不止於此：哲學具有存在性價值。（至少我是這樣認為，儘管並非只有哲學具有存在性價值。）

我的問題並不在於錯失（第三章）或者出錯（第四章）：它們是渴望未被滿

足的兩種形式。我的挑戰也不在於遇到挫折，而是得到了我想要的東西；這正是令人困惑的地方，即成功有時候看起來可能像是失敗。無論這種空虛感與面對死亡之間是否有深刻的連繫（對我來說，它們確實緊密相連），總之，在生命篇章中的這一連串成就，總是伴隨著某種空虛感，即使我能永恆或不朽也無法消除這種對人生的懷疑。無論追求一個接一個崇高目標有什麼錯，努力延續這種追求並不能治癒其中的問題。

我們正面臨的這場危機，比起先前遇到的任何危機都更加險惡。但不要絕望。接下來，我將想像自己是坐在心理治療師沙發上的病人，在一位固執哲學家的耐心引導下，試圖找出並詳細描述我的問題，而這個描述本身就是解決方案。原來，答案一直藏在我內心深處，而且是由叔本華放在那裡的。叔本華是西方哲學史上最惡名昭彰的悲觀主義者，也是對「得到了我想要的東西」這種結果的嚴厲批評者。

叔本華說對了什麼

叔本華一七八八年出生於但澤（Danzig），今波蘭格但斯克（Gdansk）。他的父母一位是商人，一位是受歡迎的小說家。十五歲那年，叔本華勉強同意放棄自己的學術抱負，接手家族生意，以換取能跟隨父母展開一趟誘人的歐洲之旅。[2]後來證明，這是一個極其荒謬的不幸決定。一八〇三年夏天，叔本華在倫敦目睹了處決，看到死囚臉上流露的恐懼和驚駭；他也參觀了法國的公共監獄，那裡的囚犯像動物園裡的動物一樣被展示出來。多年後，他將自己這些經歷比作佛陀初次接觸疾病、衰老、痛苦和死亡的覺悟經驗：他見識到人類生活的悲慘處境，從此留下不可磨滅的印象。[3]對於叔本華而言，作為聽話兒子的獎勵，是一場糟糕透頂的家庭假期。

事情並未好轉。他的父親在兩年後疑似自殺，從倉庫閣樓上跌入運河裡溺斃。[4]叔本華信守了從商的承諾，忍受了兩年單調乏味的工作後，才又重拾學業，輾轉於哥達（Gotha）、哥廷根（Göttingen）、柏林和耶拿（Jena），最終在一八一三年取得博士學位。母親約翰娜（Johanna）嫌棄他的博士論文《論充足理由律的四重根》（*On the Fourfold Root of the Principle of Sufficient Reason*）晦澀難懂，是一本「為藥劑師而寫」的書，絕對不會有人買。[5]母子之間的緊張關係從未緩和。一八一四年，叔本華搬到德勒斯登，從此再也沒有與母親見面。

叔本華就是在德勒斯登寫出他的傑作《作為意志和表象的世界》（*The World as Will and Representation*）。可嘆的是，這本書在當時並沒有被視為一部傑作。後來叔本華獲得柏林大學聘用，卻把自己的課安排在與黑格爾衝堂的時間，絲毫沒有考慮到黑格爾是當時最著名的哲學家。這樣的做法就好比把一部影集的首播安排在與超級盃轉播相同的時間。可想而知，沒人來聽他的課。叔本華帶著屈辱於一八二二年離開柏林。直到晚年，他才因為在一八五一年出版了《附錄與補遺》（*Parerga and Paralipomena*）這部散文與沉思集而獲得一些名聲。他在九年後去世，倒在自己公寓的沙發上，享年七十二歲。

如果我說叔本華對欲望／渴望（desire）抱持不信任態度，你可能覺得這不足為奇。但他的不信任態度卻是出奇強烈：問題不在於欲望經常得不到滿足，而是欲望會造成一種兩難的困境，即使得到滿足也無法化解。假設你得到了你想要的東西，你的欲望終於實現了。這時你應該感到欣喜，但實際上你會感到茫然和沮喪。因為追求已經結束，你已然無事可做。人生需要方向，必須有尚未完成的欲望、目標和計畫。然而，這同樣也是死路，因為想要你沒有的東西即意味著受苦。如同叔本華在《作為意志和表象的世界》中所寫的：

然而，一切的意志源於需求與欠缺，因此帶來痛苦，所以〔動物〕由於其本質和起源而注定受苦。但另一方面，動物如果因為意志太容易獲得滿足，導致意志對象被剝奪，這時他們又會因為欠缺意志對象而感到一股可怕的空虛和煩悶。換句話說，動物的存有與存在會成為一項難以承受的重擔。因此，動物就像鐘擺一樣在痛苦與煩悶之間擺盪，而這兩者實際上就是動物的最終組成部分。6

這就是叔本華認為的兩難困境。你的意志要麼有對象，要麼沒有：你要麼想要某些東西，要麼根本沒有這樣的欲望。你如果沒有欲望，你將變得漫無目標，生活變得空虛。這就是煩悶的深淵。反之，如果你有欲望，你欲望的對象必定是那些尚未實現的結果，而這些結果就是你追求的目標，占據了你生活中的各種活動。然而，渴望你沒有的東西本身會帶來痛苦。你為了逃避煩悶而找事情做，反而因此把自己打入痛苦的深淵。

難怪學生都不去聽叔本華的課：他和勵志演說家恰恰相反。他眼中的人生異常荒涼。確實沒有目標的人生相當空虛，甚至稱不上是人生。我們需要有事情做，而一旦完成一件事情，就需要再找別的事情來做。然而，追求目標並不全然是痛苦的，至少不必如此。像我現在想要寫完這本書，我對於將來它完成時抱有正面的期待，而對於現在它仍未完成抱有負面的感受：草稿還躺在電腦的硬碟裡。對於叔本華來說，這種負面感受帶來痛苦。但實際上，我們可以認為並沒有那麼糟。我對寫書這件事抱持的是一種有興趣的偏好，而非那種迫切、痛苦的欲望。把這種狀態稱為「受苦」，未免誇大了未滿足欲望所帶來的情感衝擊。很好，我們化解了叔本華的困境！

但話說回來，叔本華的看法確實有其道理。他對我們與欲望之間關係的悲觀負面描述，蘊含著洞見。我們可以這樣想：唯有追求目標才能為人生賦予意義，但對於目標的追求，不是以失敗告終（這樣自然不好），就是在成功後畫下句點。如果你關注的是成就，例如升遷、生兒育女、寫書、救人，完成這些計畫或許有其價值，但這也意味著這個計畫不再能引導你前進。當然，你會有其他目標，也可以設立新的目標。問題不在於目標可能耗竭，導致你陷入叔本華稱之為漫無目標的夢魘般煩悶中；問題在於你對價值的參與本質上是自我毀滅的。你與那些對你來說最重要的活動之間的關係，是在努力完成它們後，從而將它們從你的生活中驅逐。你把時間投注於一一完成為人生賦予意義的各種活動。雖然你不可能完成所有活動，但這個事實帶來的慰藉僅是聊勝於無。而且，達成一項成就後所獲得的滿足，也只能維持一下子。因為你與構成人生意義的價值之間的關係，本質上是內在對立的：你在追求與完成目標的過程中，你和這些價值產生互動，但你想要取得的結果卻會剝奪你繼續與這些價值互動的可能性。你對一個目標的追求，實際上是在耗竭你與某種美好事物的互動關係，就好像你交朋友的目的是為了和他道別。因此，即使叔本華對於欲望帶來痛苦的描述有些偏激，我們仍能從中學到一件事：欲望和目標之間存在一種結構性矛盾。

依循前面各章的做法，接下來我們同樣將借用一些新的術語或概念，來幫助我們探索心靈、促進成長。先從構成你生活的各項活動開始：找工作、交報告、下班開車回家、聽音樂、出門散步。借用語言學的術語，我們可以說有些活動是「終點性」(telic)的：它們以達到某個終點為目標，一旦完成，即結束並不再繼續（耗竭）。[7]（「telic」一詞源自希臘文的「*telos*」，意為終點或目的，

「teleology」〔目的論〕也是源自這個字根。）開車回家就是一種終點性的活動：當你到家時，這個活動就完成並耗竭了。結婚或寫書這類計畫也是如此，它們都是可以完成的。有些活動則是「無終點性」（atelic）的：這類活動不以達成某個終點為目標，也不會有真正完成的時刻。例如，除了從A點走到B點，你也可以無目的地散步。這就是一種無終點性的活動。聽音樂、和朋友或家人外出閒晃，或者思索中年問題，也都屬於這類活動。你可以選擇停止做這些事情，但它們無法被真正完成，因為它們沒有明確的終點，也不會有耗竭或結束的狀態。

亞里斯多德在他的《形上學》（*Metaphysics*）中也做了類似的區分。在亞里斯多德眼中，世界上有兩種「行為」（*praxis*）或行動。一些是「不完整的」（incomplete），例如學習或建造某物，因為「如果你正在學習，就意味著你還沒學會」。而有些行為則「自帶完整的屬性」，像是觀看、理解或思考。[8]亞里斯多德稱第一種行動為「動性」行動（*kinêsis*）：這種行動本質上是終點性的，目標在於本身的終結。如同哲學家寇斯曼（Aryeh Kosman）貼切指出的：「〔這種〕存在本身是自我顛覆的，因為它的整個目標與計畫就是自我毀滅。」[9]

這就是埋首於計畫、執迷於完成工作的問題所在。如果你的意義來源主要依賴於終點性的活動，則無論這些活動帶有何種價值（終極價值、存在性價值，或是改善性價值），它們的成功都只能意味著結束。這就像你拚命地試圖抹去人生中的意義，只是因為世界上有太多意義，或是你不斷發現新的意義，才不至於完全耗竭。叔本華在這方面的看法確實有其道理：如果你過度聚焦於終點性的活動，你的努力最終會與自己作對。你追求目標的動機「來自於欠缺，來自於不足」，甚至可能來自於痛苦——因為你與這些目標之間還有一段距離，所以感到缺失。[10]然而，一旦你達成了目標，你也就終結了一項曾賦予你人生意義的活動。

我的中年危機就是受到這種自毀引擎所驅動，而你的中年危機可能也有一部分是如此。我用了四十年培養對終點性活動的愛好與才能，不斷追求成就和下一件大事，不斷追求個人生活與職業生涯上的成功，結果卻因此感到內心空虛。滿足總是屬於未來或過去。人不應該這樣過活。

社會歷史學家會問，奮鬥與成功的意識形態是如何隨著時間發展的，這種意識形態如何在不同歷史與地理環境中展現其地方性，以及它跟「新教倫理與資本主義精神」（社會學家韋伯於一九〇五年出版的劃時代著作）有哪些關連。[11]而我們會問，這種意識形態跟中年有哪些關連。理論上，任何人都能察覺到存在於終點性活動中的空虛。像彌爾這樣的天才可能會提早遭遇危機，但往往是在中年，一般人對於終點性活動的依賴最有可能顯現出來，因為長期追求的目標要麼實現了，要麼無法實現。你已經得到多年來努力爭取的工作，找到了理想的伴侶，成就了你期盼的家庭——或者沒有。在此之前，你可能都沒有理由去反思抱負的耗竭，以及你的人生在多大程度上是圍繞這些抱負建構的。到了中年，一切突然變得清楚起來。你可能模糊地感受到靈魂的自毀傾向。歡迎來到我的世界。

從這個時候開始，道路出現分歧。你的危機如果很嚴重，你會看到人生的敘事破裂了：事情開始分崩離析。在瑞秋·庫斯克（Rachel Cusk）《輪廓》（*Outline*）這本不好懂的小說中，一位創造力豐沛的作家前往雅典教授暑期課程。由於她對自己的人生避而不談，卻因此吸引到別人對她傾吐人生故事。她的朋友帕尼歐提斯（Paniotis）講述了自己離婚的經過：

他現在意識到，進步原則一直在他的婚姻裡作用著，推促他購屋、累積財產、買車、追求更高的社會地位、規劃更多的旅遊、結交更多的朋友，甚至就連生育子女也被視為人生這趟瘋狂旅程中不能不造訪的一個景點。而他現在看到，無可避免的結果就是，一旦不再有東西可以添加或者改善，一旦不再有需要達成的目標或者必須通過的階段，這趟旅程似乎已經抵達了終點，於是他和妻子被一股巨大的徒勞感受所困擾，覺得自己彷彿患了什麼病，但實際上只是在一段太忙碌的人生之後隨之而來的靜止感而已，就像水手在海上航行太久之後再次踏上陸地的感受。但對於他們兩人而言，這種感覺卻意味著他們已不再相愛。[12]

對於帕尼歐提斯而言，終點導向思維，也就是將意義投資於一個又一個計畫，最終導致了叔本華所說的煩悶深淵：在他與妻子的關係中，已經沒有事情可以做了，因此，像破解最後一個線索的尋寶遊戲一樣，這段婚姻也走到了盡頭。錯誤從一開始就存在，隱藏在從A點到B點的匆忙之中：愛情不是一個可以完成的計畫。

關係可能會失敗；愛有可能不完美；愛可能會消退。哲學改變不了這些事實。但如果你的挫折感來自於你對愛情抱持終點性態度，認為愛終有耗竭的一天，搞婚外情也不會對你有所幫助。問問自己：我是真的想和別人在一起，還是我只是渴望那種墜入愛河的刺激，或是想要重新體驗把人拐上床那種終點性的興奮感。我不是說你不會樂在其中；也許你會，但這同樣有耗盡的一天。外遇如同是一項計畫，它終究會結束，然後你將回到原點：也就是，再次站在欲望的終點上。想想引誘安娜．卡列尼娜的渥倫斯基伯爵（Count Vronsky）：「他很快感覺到，他原本預期能得到如山般龐大的快樂，但他的欲望滿足後為他帶來的，卻只有那座山的一顆沙粒。欲望得到實現讓他明白，人們想像幸福在於欲望的滿足，這是一個世人一再重蹈的亙古錯誤。」[13]

這場不如預期的外遇呈現了一種普遍的誤解。假設你和我一樣，總是把目光投向未來，努力完成一項又一項計畫。在各式各樣忙碌活動的喧囂聲中，你聽到了因為計畫完成和不滿足感所發出的空洞聲響，隱約產生了一種挫敗感。有些地方出了錯，但你說不出是什麼。此時，你很容易將問題歸咎於你的選擇：錯的關係、錯的職業。於是，你拋下伴侶，變換職業跑道。這些行動背後可能有些很好的理由，但真正的理由不在其中。你的行動只是一種面對中年危機的混亂反應。你感覺到自己的計畫中有缺陷，你將問題怪罪於那些計畫的特定目標，而不是反思自己對目標的過分執著，並選擇試圖重新來過。如果你的重新來過是指追求新的目標，那這個方法頂多只能轉移你的注意力，讓你暫時忘記人生中的結構性缺陷。保持忙碌是轉移注意力的絕佳方式，但只能治標，不能治本。

這就是我對自己中年危機的診斷。我的中年危機有一部分與後悔、錯失和對死亡的恐懼有關，但主要是目標導向人生蘊含的自我毀滅本質，在這時顯現了出來。我的危機是慢性而不是急性的，受到忙亂的活動所掩蓋：必須批改更多報告、舉行更多會議、閱讀更多書本。並不是說出外散步或者和朋友閒晃無法讓我感受到任何樂趣，而是我人生中的意義根源大部分是終點性的：以終點為目標。我和帕尼歐提斯並沒有太大的不同。我的情況雖然不像他那麼極端，但病因是一樣的。我深受終點導向思維所困擾。這就是為什麼我在得到自己想要的東西後，會產生空虛、重複和徒勞的感受。

我不知道這對你的適用程度有多高，也不知道你對終點性的活動有多執迷。但我敢說我絕對不是唯一有這樣問題的人。好消息是：我們的問題是可以解決的，無論在理論上，還是——讓我暫且先跳出哲學舒適圈——在日常實踐中。如果我說的是對的，而你和我也有相同的困境，那這本書可能會改變你的人生。

叔本華說錯了什麼

愛不是一項計畫，但其他事情是，而且其中有些確實重要。否認治癒一項疾病或終結一場戰爭的改善性價值，未免太不近人情。否認藝術的存在性價值也是膚淺的，無論是閱讀小說、繪畫，還是唱歌，這些都是值得做的終點性活動。我們不該假裝否認它們的價值，也不該懷疑它們具有終極價值：它們不僅僅是通往其他目標的手段。

這是否表示我們受困於終點導向思維中？不，我們並沒有完全被困住，但這種思維對哲學來說確實有強大的影響力。近代思想家一直在努力尋找一個不以計畫為中心的生活替代方案。伯納德·威廉斯，也就是我們在第五章提到的那位認為永生會讓人感到厭煩的哲學家，輕易地認為我們的生活就是以終點性導向（telic orientation）為中心：「個人擁有一系列欲望、關注（concerns），或是我稱之為「計畫」（projects）的東西，這些東西構成了他的性格」；「這些『根本計畫』（ground projects）〔提供〕他動力，推動他邁向未來，並賦予他活下去的理由。」[14]在這裡，威廉斯選用「計畫」這個術語來描述人們的欲望和關注，這一選擇絕不是隨意為之。帕尼歐提斯的故事告訴我們，不是所有的關注都是計畫：愛一個人和愛你們可以一起做的事情，兩者之間有很大區別。如果真如威廉斯所說，只有計畫才能賦予我們生活的意義，那我所描述的中年危機也不限於中年人，而是所有人都必須面對的普遍人生困境。

但威廉斯錯了。你不是你計劃完成的事情，而你所熱愛的活動也不必是計畫。無終點性的活動，即那些不以達成某個終點為目標的活動，同樣有其價值。比如散步的樂趣，不是為了到達某個地方，而是為了散步本身。散步是無終點性的活動：不同於走路回家，散步不以完成為目標，不存在某個完成後就無事可做的時刻。

建議你用散步來應對中年危機帶來的焦慮感，可能聽起來有點遜。多散步雖然大概不會有什麼壞處，但絕不是你所尋求的啟示。你無法像依賴事業、感情關係或子女那樣，依賴散步來建構你的人生主要敘事。但無終點性的活動可以與那些構成你人生的各種計畫相容並存。以我為例，寫這本書時，我一邊寫作，一邊進行哲學思考：這是一種無終點性的活動。我認為這種活動很重要，不僅僅因為它是完成這本書的一部分，還因為它本身就有價值。如果寫這本書的計畫能為我的人生賦予意義，進行哲學思考這種不是一項計畫的活動為什麼就不能呢？如果問題在於我把太多心力投注於終點性活動，則解決方法就是去愛這些活動的無終點性面向，在過程中而不是計畫中找尋意義。如果你的問題與我相似，相信這個解決方案對你也會有效。

由於無終點性的活動不以達到終點為目標，所以永遠不會耗竭。這些活動不會因為你的參與而消失：這些活動與計畫不同，不會因為你的參與而威脅到它們的存在；這些活動不會自我毀滅。這種不可耗竭性還有另一面，如同亞里斯多德所說，「動性」行動是「不完整的」，並頌揚觀看、理解和思考等活動的「完整性」：「你在觀看的同時已經看見了，在理解的同時已經理解了，在思考的同時已經思考了。」[15]無終點性的活動在當下已經完全實現，並不指向一個已完成的未來。如果你想要走路回家，而你還沒到，你的行動就是不完整的，目標尚未實現。但你一旦到家，一切就結束了。相較之下，如果你享受散步的樂趣，當你在公園裡漫步時，你已經得到了你想要的。散步的樂趣全在當下，如此而已。你不是在達成某個目標的途中，你在當下已經達成了目標。

當我珍視書寫和哲學思考本身，而不只是完成這本書時，就是處於這樣的狀態。我關注的事物就在當下，並沒有被推延到未來；我不會產生任何空虛或自我挫敗的感受。同樣的轉念，也可以應用在比哲學平實的活動上。當你為子女做晚餐、幫他們完成作業，然後哄他們上床睡覺，雖然這些都是徹頭徹尾的終點性活動，但你同時也參與了養育子女這種無終點性活動。不同於晚餐與作業，養育子女在每一瞬間都是完整的；它是一個過程，而不是一項計畫。

你可以試試看：在終點性活動裡，把重心轉向其中的無終點性面向。一般而言，一項計畫如果為你的人生賦予了意義，你就有可能在那項計畫的實現過程中找到意義。此一意義不會耗竭或用光；它不是展望著未來，而是實現於當下。

帕尼歐提斯幾乎領悟到了這一點，他回憶起離婚後某一天臨時決定與孩子們一起去游泳：

「……水好冷，深不見底，又涼爽清澈至極——我們在水中漂浮，陽光照在臉上，我們的身體像三條白色的根一樣懸在水下，我到現在仍能想起我們在那裡的模樣，」他說：「因為那些時刻的感受太過強烈，以至於在某種意義上，我們會一直活在那些時刻中，其他事情卻被完全遺忘了。儘管那些時刻是我剛才講的故事的一部分，」他說：「但那些時刻本身並沒有什麼特別的故事。在瀑布底下水池游泳的那段時間不屬於任何地方：那段時間不屬於任何事件的序列，它只是它自己。在我們這個家庭先前的生活中，從未有過這樣的時刻，沒有任何一部分就只是其本身，那時的生活總是指向下一件事，接著又是下一件事，所有的事件都在為我們是誰這個故事做出貢獻。克莉絲塔和我離婚之後，事件就不再像從前那樣緊密相連了，即使我有好幾年時間，仍努力想要假裝這種連續性還存在。不過，在水池裡的那段時間是獨立於事件的序列而存在的，後面沒有下一件事，也永遠不會有。……」[16]

在瀑布底下游泳的那一刻，帕尼歐提斯終於徹底活在當下。他沒有看出來的是，活在當下並不是尋常生活的中止，而是一種沉浸於其中的方式。無終點性活動不是存在於某個我們極少得以登上的絕頂之巔。只要你細心尋找，就可以在你的四周找到，並在其中發現意義。

忽略這一點，可能會為提早退休賦予一種誘人的假象，讓人嚮往在中年辭掉工作，轉而蒔花弄草或打高爾夫球度日。我不是說這個想法不好，但如果你認為無終點性的領域裡，只看得到這些明顯具有循環往復性質的活動，那你就錯了。即使在那種壓力最大、最有目的性、任務一項接著一項馬不停蹄的人生裡，也同樣找得到無終點性活動的存在。勤奮工作就是一種無終點性活動，努力工作本身不會耗竭，可以持續存在於當下。而且只要完成工作有其價值，投入的過程也就同樣具有價值。你要辭掉工作當然沒問題，但不要為了錯誤的理由這麼做。工作在本質上並不具有終點性。

如果突如其來的辭職和狂野的婚外情並沒有顛覆你的終點導向思維——也就是說，這兩種中年危機的典型解方並沒有真正觸及問題的根本——是時候重新審視另一種典型解方了：買一輛摩托車或跑車。這種行為的吸引力有很多方面，但其中一個是將重點從「到達目的地的價值」轉向「在路上的價值」。買跑車不是為了更快抵達目的地。開跑車的重點在於你行駛的那段旅程，而旅程是無終點性的。

這就是叔本華錯誤的地方。即使我們注定要追求終點性目標，即使這些目標是我們渴望的對象，它們也不是生活中唯一重要的事物；其他活動同樣可以賦予我們生活的意義。我們可以擺脫追求、完成、再繼續的自我毀滅循環，擺脫那些已實現或未實現的成就。擺脫這種循環的方法，就是在無終點性的活動中找到足夠的價值，因為這些活動沒有明確的結束或限制，它們的意義在於當下的行動本身。從這些活動中汲取意義，就是「活在當下」——這句話有多重含義，但至少在其中一種意義上，可以是從事無終點性活動——從而使自己擺脫在中年時期因各種計畫和目標而帶來的壓迫感。

所以，接下來呢？我們知道自己該做什麼，但不一定知道該怎麼做。從終點性思維轉向無終點性思維，並不會是一種自然而然的過程。能夠描述終點性活動中的無終點性面向是一回事，但要能夠在情感上、心理上轉變，真正開始重視這些面向則是另一回事，尤其是重視這些面向本身的價值，而不是將其視為達成某事的手段。這正是我自己生活中面臨的挑戰。我想要把書寫與思考哲學的過程看得與完成這本書一樣重要，甚至更加重要。但我實際進行寫作時，心思卻不免聚焦於完成書稿所需逐步解決的具體問題和細節。例如如何解決論證的問題，或如何結束某一章節，或者我應該閱讀哪篇文章。沉浸在這些計畫裡，往往會遮蔽過程中的美好，就像「眼前的一隻手遮住了整座大山」。[17]於是，我又陷入了老習慣、舊的評價模式，和一種熟悉的空虛感，這種空虛感的解藥我在理智上明白，但在內心深處卻未能徹底領悟。

我不會像在第五章那樣，在沒有提供指引的情況下就此結束。在本章的最後一節，我會將我們從叔本華的討論中得出的「活在當下」解方（我們將這句話詮釋為從事非終點性活動），與佛教和臨床心理學中的不同「正念」（mindfulness）概念做比較。我在這兩方面都不是專家，但我會懷著謙卑的心，在玄妙與凡俗之間找到一條連結的道路。正念冥想有其哲學意義：它既不僅僅是緩解日常壓力的療法，也不是某種高深的形而上學啟示。藉由挖掘它的哲學意義，我們將對「活在當下」這個自助書籍中的常見口號有更深刻的理解，並找到一種可以實踐的方式。

我確信的事

如果說叔本華的思想與早期印度哲學較為樂觀的教義之間存在共鳴，這並非巧合。在寫作《作為意志和表象的世界》之前的幾年裡，叔本華一直在閱讀印度教的經典。[18]寫完那本書之後，他還研究了佛教，並稱自己為佛教徒，甚至擁有一尊青銅佛像，擺放在他位於法蘭克福的公寓角落，每日被早晨的陽光照亮。[19]

叔本華大約在一八一三或一八一四年閱讀了《薄伽梵歌》，內容是戰士王子阿朱納（Arjuna）與他的神聖御者克里希納（Krishna）之間的對話，書中對無終點性活動的呼籲態度堪稱相當激進：「行動的動機不應該是結果，／你也不該執著於不作為。／安住於瑜伽中，從事行動！／放下執著，讓成功／與失敗皆等同。」[20]根據某種解讀，這段話的意思是：對終點性活動不要給予絲毫重視，對成功與否毫不在乎，只關注過程，不理會計畫成敗。這種態度比我的建議更強硬，我只主張重視無終點性活動，但不否認結果的重要性。

如果叔本華以這種方式理解這段話，那似乎也沒能阻止他的悲觀主義。他的悲觀態度更接近於佛教的四聖諦思想：人生是苦，苦來自集（執著或情感依附），滅苦是目標，而達成此一目標的方法則是八正道。叔本華認同前兩諦，對第三諦搖擺不定，對第四諦則是相當不以為然。然而，正是在第四諦中，我們找到了正念的起源：透過正念冥想，專注於當下，我們可以找到一條通往終結痛苦的道路。這個想法和我們先前討論的活在當下，有多相似呢？

這個問題的答案有些複雜。佛教傳統中有許多值得學習的地方，其中一些也適用於本書的討論。然而，佛教中有些觀點則不好理解或接受，特別是它對人類境況的抽象診斷，以及對情感依附（執著）和人類痛苦來源的闡釋，這些我並不認同。我們先進一步深入探討第二諦「集聖諦」的具體內涵，你就會明白我的想法和傳統佛教思想之間的差異了。在「苦來自集」這四字概述裡，「集」涵蓋了三種東西：欲念、煩惱與無明。你可以理解前兩者如何涉及依附（執著），無論是對人的依附或對目標的依附；你也可以理解脫離依附如何有助於減少痛苦。但無明呢？傳統佛教認為無明是關鍵：痛苦的根本來源在於我們無法理解那顛覆性的「無我」（*anattā*，沒有自我）形而上學。[21]正是因為對自我永恆存在的錯誤執念，滋養了我們的欲望與煩惱。佛教將冥想細分為兩類：「止」（*samatha*）與「觀」（*vipassana*）。止，旨在平靜心靈；觀，則是為了獲得洞察，特別是「我並不存在」這一領悟。這種洞察被認為是終結痛苦的關鍵。[22]

冥想程序有幾個階段，首先是安靜地坐著專注於呼吸，平和地感受自身氣息的吸入與呼出，在胸腔、喉嚨或鼻子裡如音樂般自然流動。接著，你覺知到身體的感官和外界的聲音，但這些感官和聲音彷彿懸置在外、與你保持距離，不需要你做出任何積極的回應。然後，你覺知到自己轉瞬即逝的思緒和感受，它們同樣懸置在外、與你保持距離，你能觀察到它們的起伏流轉，明白它們是短暫且可分離的。在冥想的某個特定階段，你會直觀地（不僅僅是理性上）領悟到無常、痛苦以及無我的真理：即「我並不存在」。[23]這就是佛教所謂的「開悟」。

你如果對這段敘述感到困惑，你並不孤單。你可能會想問：我如何能得出「我不存在」這個結論？如果我不存在，這個結論又是誰得出的？當我們提出這些問題時，我們呼應了十七世紀法國博學才子笛卡兒在那部現代哲學奠基性文本中的論述：「我思，故我在。」笛卡兒認為，由於他可以懷疑身體和整個物質世界的存在，但他不能懷疑自身的存在，因此他認為自己必定是一種純粹的非物質存在，即「機器裡的幽靈」。[24]然而，無我觀不僅對笛卡兒的非物質靈魂學說嗤之以鼻，更指出了他那句名言裡一個更深層的錯誤：也就是假設經驗、思想和感受是屬於某種實體的屬性。事實上，經驗、思想和感受是意識流中的事件或現象，類似於閃光或噪音的爆發。一個世紀後（十八世紀），德國實驗物理學教授利希滕貝格（Georg Lichtenberg）批評笛卡兒的論證過於急切：「我們應該說『它在思考』，就像我們說『天在打雷』一樣。說『我思』已經說得太多了。」[25]這就是無我觀的核心所在：心理現象不是依附於某個實體的屬性，不像形狀或小大那樣是附屬於某個實體的固有性質，而是本身獨立存在的事件。

如果你還是不太懂無我觀的意思，不必擔心。事實上，無我觀是否能被理解，正是無我觀的主要爭議之一。我們之所以被告知，唯有透過持續且刻苦的冥想才要真正理解「我不存在」這個洞見，可不是沒有原因的！我個人的看法是，無我觀是否能被理解是存有疑問的。其根本原因在於，無我觀與笛卡兒共享了一個誤解，即我的本質、我是什麼，必須在意識中被揭示。因此，如果我不像笛卡兒認為的那樣是一種心靈實體（mental substance），我就無法被認為是任何實體。相比於笛卡兒和無我觀，我的看法要平淡得多：我認為你我都是人類，我們的心理活動是屬於我們作為動物的一部分；這種看法——我們是擁有心理活動的生物——並不需要透過內省才能得知。

然而，在試圖理解無我觀時，我也能明白佛教徒為什麼認為它具有轉變人生的力量。如果「我」並不像我之前以為的那樣存在，死亡的意義也將徹底改變。畢竟，我不會真的「停止存在」，事實上，我從未真正存在過。要接受這項事實，就要放下自我，提前哀悼並捨棄依附。接受無我觀帶來的改變也可能會削弱自我中心（在沒有自我的情況下，自我中心又如何能夠存在呢？），進而改變欲望的性質。

伴隨無我觀而來的一切都不是附帶或次要的，因為無我觀是佛教哲學的核心：它對人類痛苦的根本回應。佛教或許可以沒有奇蹟、沒有業報、甚至沒有由無我觀衍生出來的轉世前景。但佛教如果沒有形而上學，就像《哈姆雷特》沒有了王子，或是中年沒有了危機。這樣的佛教就不再是我們所認識的佛教了。

就連佛教思想的大眾化版本，也同樣奉行無我觀。在一九五〇年代將佛教引入舊金山灣區的華茲（Alan Watts），對此抱持堅定的立場：「社會成見說服了我相信自己只是一具在空間中被皮膚包覆的身體，隨著出生與死亡而在時間裡存在與消失。」[26]「在任何時刻，你都只能察覺到經驗、思想或感受本身，而不是經驗它們的人、思考它們的人或感受它們的人；如果情況真是如此，我們為什麼還會相信自我是實際存在的呢？」[27]

後來的佛教學者在說到無我觀時，表達得往往比較迴避或含糊，但他們也沒有提供真正有效的替代理論。在《無信仰的佛教》(*Buddhism without Beliefs*)這部備受讚譽的世俗佛教宣言裡，巴切勒(Stephen Batchelor)捨棄了業報說，並試圖使無我觀變得比較平易近人：「自我或許不是某種具體的東西，但也不是無物。自我純粹是無法掌握、無法找到。」[28]

對於「自我」的否認，其實只是在挑戰「靜態自我」獨立於身體和心靈的概念，而不是在挑戰我們日常的自我感覺，即我們認為自己是一個與他人不同的獨立個體。靜態自我的這一概念，是阻礙我們作為個體實現獨特潛力的主要障礙。藉由深入理解經驗的無常性、模糊性和偶然性，我們就能解構虛幻的靜態自我，進而獲得自由，並重新創造自我。[29]

問題在於，正是這種認為自己是與他人不同的獨立個體的普遍認知，導致了依附（執著）、自我中心，以及對死亡的恐懼。無我觀之所以有革命性，也正是因為它挑戰了這種普遍的認知，而不是某種靜態、獨立靈魂的幻象。

我雖然不認同無我觀，但我在這裡的用意不是要駁倒它，而是想要把佛教的正念概念與我自己對正念的理解區分開來。我想探討的是，當我們放棄深入那些形而上理論，放棄理解無常和無我的深奧觀念後，這時正念冥想還會剩下什麼。

其中一個答案是：沒有洞見，但有平靜。我們可以致力專注於當下在做的事，打破習慣的枷鎖，擺脫那些阻礙我們充分享受生活的自動化行為模式。專注於當下能讓我們重獲活力，就像社會心理學家艾倫・蘭格（Ellen Langer）在一項調查對象為老年人的開創性研究中發現的那樣。[30]我們可以透過在冥想時專注於呼吸、周圍的聲音以及當下的感官體驗，藉此降低我們的心率、血壓，以及焦慮和壓力。正念減壓在今日已成為臨床心理學的一個熱門工具，由卡巴金

（Jon Kabat-Zinn）開創。[31]

這些是正念冥想應用於治療中的重要發展。這些發展將冥想視為活力與平靜的源泉，而不是一條通往形而上學洞見的道路，也不是一種實現無我觀的方式，而是活力與平靜的泉源。冥想無疑能扮演好這個角色。然而，正念的實踐並非僅止於此：我們仍然可以從中獲得洞見，儘管這並不是關於「你不存在」的洞見。冥想可以培養我們對無終點性活動的意義和價值產生一種直觀理解，而非只有智識上的理解。

冒著讓人尷尬的風險，我不得不承認，我們的想法與托勒（Eckhart Tolle）提出的觀點非常接近。這位歐普拉的心靈導師，在一九九七年的暢銷書《當下的力量》（*The Power of Now*）中指出：

> 你所做的事如果沒有為你帶來喜悅、自在或者放鬆，不必然表示你必須改變你所做的事。改變你做事的**方法**也許就足夠了。「如何做」總是比「做什麼」

> 更加重要。看看你能不能把更多的注意力放在**行動**本身，而不是你希望藉此行動所達成的結果。全心全意專注於當下所發生的一切。這意味著你必須完全接受**當下**，因為你不可能既全心專注於某件事，同時又抗拒它。[32]

我贊成注重「如何做」：注重行動本身的價值，而不只是你想達成的目標。我贊成專注於無終點性活動，專注於參與過程本身。但我不贊成托勒最後一句話的過度延申。托勒把活在當下視為萬靈丹，認為它是一切問題的解藥：「在當下，時間不存在，你所有的問題都會消失。……你不可能既感到不快樂，**同時**又全身心地活在當下。」[33]如果這是真的——如果真的當下所發生的一切是什麼不重要，只要你對其敞開心胸就好——那該有多好。但這終究只是一廂情願的想法。

這裡以薛西弗斯（Sisyphus）為例。他遭到眾神懲罰，必須將一顆石頭推上山頂，然後再眼睜睜看著那顆石頭一次次地滾落山腳，這個過程將永無止境。在

《薛西弗斯的神話》裡，卡繆寫道：「〔我們〕必須想像薛西弗斯是快樂的。」[34]探究意義與道德的哲學家蘇珊・沃夫（Susan Wolf），對於這個建議感到困惑。她埋怨道，薛西弗斯怎麼可能快樂，除非他陷入一種幻覺，使他「在推動石頭中看到了實際上不存在的東西」，或是因為他喪失了「智力與……想像能力」，而導致他「察覺不到自己的努力是如此乏味和徒勞」？[35]沃夫認為，無論我們把多少注意力投注於當下，都掩蓋不了一個事實：被無意義又重複的勞動所填滿的人生，絕不是理想的人生。我們不會希望心愛的人或是我們自己過著這樣的生活。如果你被迫必須過這樣的生活，當然也只能設法讓自己樂在其中。但實際上有其他更有意義的活動可以選擇——那些具有改善性或存在性價值的活動。哲學家可能會持續探討這些課題，繼續探究價值的客觀性以及我們對價值的認識等問題，但這些問題我們留待以後再說。我現在想表達的重點是，僅僅是專注於當下和從事無終點性的活動，並不足以為人生帶來充分的意義。光專注於當下是不夠的，你當下在做什麼，才是關鍵。

透過專注於你的呼吸、你的身體，還有周遭環境中的聲音來進行冥想，是一種訓練自己欣賞簡單的無終點性活動的方式：呼吸、端坐、聆聽。這些活動有其自身價值，但這樣的活動不足以讓人生變得有意義。專注於這些活動（呼吸、端坐、聆聽），其本身不是目的，而是一種培養你專注於當下的能力，從而能夠欣賞那些終點性活動中的無終點性面向。為了做到這一點，你必須克服終點導向思維的誘惑，必須阻止自己的注意力完全被各項計畫所吸引。你需要透過正念冥想，來培養對於心理專注力，以及對於自我思想和感受的掌握。至於這樣做是否能幫助你面對死亡，幫助你放下對自我的執著，我必須說我不知道。然而，你可以透過正念冥想來獲得洞見，即使不是關於無我的洞見，至少能讓你體認到無終點性活動的價值。這種洞見將會改變你的生活，填補你在追求目標過程中感到的空虛，並扭轉那種終點導向心態帶來的空洞與自我毀滅。活在正念中，即是在感知無終點性活動的價值，這種價值不會因投入而耗竭，也不會推遲到未來才顯現，而是實現於當下。努力活在當下的光環裡——這可以化解你的中年危機，克服那種重複與徒勞的感覺，以及迷失方向與自我挫敗的感受。

結尾

如果你像我一樣，代表到了中年，你的記憶力已不如從前了。既然如此，現在是時候來簡短回顧一下先前的內容。全書有六章，以及十一個半關於如何應對中年的想法。

在U形曲線的谷底，人生可能顯得壓抑、艱難，又陰暗。第二章提出了兩條預防中年危機的規則。首先，我們從利己主義的矛盾中學到：你不能太過沉溺於自我。對幸福的執著追求，反而會妨礙幸福的實現。彌爾寫道：「真正幸福的人（我認為），都是把心思投注在自身幸福以外的事物上；關注別人的幸福、關注改善人類的處境，甚至是關注某種技藝或者嗜好，而且不是把那些技藝或嗜好作為實現其他目標的手段，而是將其本身視為理想的終極目標來追求。正是因為他們關注自身以外的事物，他們才在過程中獲得了幸福。」[1]第二，除了改善性價值以外，你在人生中也應該騰出空間給存在性價值，給那些讓生活變得真正美好的活動，而不要只去做那些為了回應特定需求的活動，因為對我們而言，人生中的許多需求其實都是沒有反倒比較好。至於那些能讓生活變得真正美好的活動，可以是和朋友玩遊戲這類微不足道的活動，也可以是藝術與科學這類深奧的活動。

即使生活一切順遂，中年仍然會充滿錯失感。你意識到有些道路你永遠不會踏上、有些人生你永遠不會經歷，並以緬懷的目光回望年少時期的自由。第三章針對這方面提出了一些忠告。首先，中年的失落感雖然真實存在，但你可以問問自己另一種選擇會是什麼模樣。錯失感是多樣化價值體系的結果：除非世界陷入極度貧乏，或是你對世界的反應極度貧乏，否則你不可能免於這種失望。第二，不要高估擁有選項的價值。選項固然重要，但它們並不足以彌補你單獨考慮時不會選擇的結果。不要像歐羅克和地下室人那樣，被選擇的魅力所迷惑。第三，羨慕年輕的自己不必承受錯失的痛苦雖然是合理的，但可別忘了當時你付出的代價。不知道自己未來不會做什麼，就意味著也無法確定自己將會做什麼，而這種身分認同的喪失感可是足以讓人暈頭轉向。

如果你對自己做過的事或是發生在自己身上的事感到後悔，並希望能夠獲得重新開始的機會，那第三章的忠告可能就無法奏效了。然而，如我們在第四章學到的，你可以在不幻想有第二次機會的前提下，與過去的失敗和解。第一，是新生命的誕生。若非因為你曾經犯下的那些錯誤，你所愛的人就不會存在，真是這樣的話，你就有理由對自己犯下那些錯誤感到慶幸。第二，是風險趨避。當你在想像重新來過時，請務必記住：一邊是你確知的過去，另一邊則存在極大的不確定性，事情可能會有無數種不同的發展。這樣的未知風險值得你去冒嗎？第三，是關注細節：也就是構成你生活核心的那些繁複紋理。你應該將這些豐富的細節，與「事情原本可能更好」這一抽象的假設判斷，放在一起進行比較，才能真正評估得出結論。

中年既是清算過往的時刻，也會迫使我們面對未來的有限性。你「爬到了山頂，面前出現的是一道下坡，而且一眼就能望見道路的盡頭」。[2] 第五章以哲學工具來應對人生有限性問題（死亡恐懼）。首先，是採取時間中立性的態度：也就是平等看待過去和未來的收穫。如果你採納這種觀點，死亡帶來的剝奪並不會比尚未出生時的狀態更糟。第二，渴望永生的好處，就是渴望超越人類的現實處境的事物。這就像是渴望擁有飛行的能力一樣：這種超能力確實令人羨慕，但你不該因為沒有這種能力而感到難過。剩下的問題是對自我的依附（執著）：也就是你對自我價值的認可，並且希望這份價值能夠得到保存。關於這個問題，我只能提出半個解方。你可以自問：我能否將對自我的依附與對生活的關注區分開來，提前接受並哀悼自己有限的生命，放棄對永恆存在的執著，同時仍然保有追求更好生活的渴望？

中年最難捉摸的挑戰，不在於如何應對過去或未來，而是如何面對當下的空虛感，也就是那種滿足感被推遲或遺落的感覺，讓人覺得無休止的努力其實是在自我毀滅。本書在最後一章中探討了這個問題，將這種困境歸因於我們對目標導向活動（即「終點性活動」）的追求及其結構性缺陷。計畫是終點性活動：其目標在於達到某個終點。成功完成這些活動就意味著你達成了目標，但這些活動的意義也隨之消失，進而讓你的生活失去了意義。第六章提出的解決方法是，更加投入那些無終點性活動，亦即沒有終點或不會耗竭的活動，像是散步、和朋友相處、欣賞藝術或自然、教養子女，或者勤奮工作。你每天做的事或許沒有改變，但只要調整你的態度、調整你所珍視的事物就足夠了：不再只關注計畫的結果，而是重視養育子女、維繫友誼、完成工作這些過程。表面上看，事情可能無甚差別，意義上卻已大不相同。如果你學會重視過程，那麼你當下就能擁有你想要的；而且你的投入不會耗損其價值。冥想讓我們學到的一件事，就是如何專注於當下：在可實現目標的耀眼誘惑中，學會欣賞無終點性活動的價值。這就是正念的作用。

一本自助書籍的首要規則竟是要你關注自己以外的事物，這實在諷刺。你當然可以閱讀這本書，但請出於對生命的有限性感到興趣而讀，而不是為了改善自己的人生！根據利己主義的矛盾，這種諷刺就存在於自助活動本身，因為自助利用了某種會阻礙其目標實現的動機。我們很容易對這背後的自我中心和自利產生懷疑。有時候，我對這本書也不免會有這樣的感覺——中年危機有夠自我耽溺的啦！畢竟，能經歷這種痛苦本身就是一種奢侈。

不過，中年危機並沒有我們擔憂的那麼自我耽溺。我在本書中探討的問題適用於幾乎所有人，而不僅是得天獨厚的少數人。失落和局限、沒有走過的道路、錯失的機會，這些是我們每個人都會面臨的；我們都難免犯錯、遭遇不幸、看到自己的努力以失敗收場；而且，我們最後也都不免一死。此外，無論我們是勉強餬口度日、遭受壓迫，還是在麻省理工學院教書，對我們而言最有意義的活動都同樣分為終點性或無終點性。無論你身處何種情境，你的思維都可能或多或少都具有終點性，以目標為導向。你可以專注於一項接一項的計畫、一件接一件的任務，也可以看重追求過程本身，不管那些計畫是什麼。就算你的生活充滿了不穩定與困境，學習活在當下對你而言仍是至關重要，就和其他任何人一樣。

我們的旅程始於彌爾那充滿激情的夢想：他的社會改革計畫、他的成功願景，以及他隨後的絕望。消除無謂的苦難是一個崇高的目標，但它針對的是那些我們最好沒有的需求。這個目標的價值是改善性的，而非存在性的。人生不該僅止於此。而且，這個目標始終是終點性的。當彌爾問自己，如果他的志向實現，他會有什麼感受時，他心中所想像的是一種最終狀態，一個永恆的烏托邦，他在其中將無事可做。這將抹除他人生的目的。

我們在追求正義與更美好的世界時，和其他任何時候一樣，都需要當下的力量。專注於終點性，往往意味著我們專注於目標的遙遠和實現的困難：消除貧窮、饑荒、戰爭，遏阻全球暖化的最壞影響。在《班托的素描簿》（*Bento's Sketchbook*）這本無法歸類的圖文隨筆集裡，藝術評論家約翰·伯格（John Berger）

省思了阿蘭達蒂・洛伊（Arundhati Roy）的社會運動作為：

〔每一項〕深刻的政治抗議，都是在呼籲一種缺失的正義，並伴隨著正義將來會實現的期望；然而，這份期望並不是提出抗議的首要原因。我們之所以提出抗議，原因是不抗議將會太可恥、太貶低人的價值，甚至致命。我們之所以抗議（藉著建立路障、舉起武器、發動絕食、形成人鏈、高呼口號、撰寫文章），為的是拯救當下這個時刻，無論未來會帶來什麼。……抗議主要不是為了追求一個更加正義的未來所做的犧牲；而是對當下的一種無足輕重的救贖。問題在於，我們該如何一次又一次地面對這個形容詞：無足輕重。[3]

這個問題沒有完美的答案：結果確實重要；然而，那些超越結果本身的行動也同樣重要。與追求更正義的未來（即實現一個終點性活動的目標）相對應的，是抗議正義缺失的無終點性過程。而這個抗議的過程本身就充滿意義。

我目前仍在努力應付自己的中年危機，但我認為我已經看到了可以穿越這個危機的道路。我需要擺脫終點導向的心態，培養更多無終點性的思維。我必須學習如何活在當下。這種生活態度你可以自私地加以利用。它不僅能夠填補日常生活中的空虛，還能幫助你擺脫那種在烏托邦計畫中因「無足輕重感」所帶來的焦慮。活在當下能賦予我們能量、專注和充實感，鼓勵我們努力追求任何值得追求的事物，並且珍視你在當下付出努力的這個過程。

誌謝

我在寫作本書的過程中得到許多鼓勵與建議，感謝 Arden Ali、David James Barnett、Dylan Bianchi、Alexandre Billon、Elena Bovay、Matt Boyle、Ben Bradley、Genie Brinkema、Sarah Buss、Alex Byrne、Rachel Cohen、Earl Conee、Lorenza D'Angelo、Jason D'Cruz、Steve Darwall、Brendan de Kenessey、Cian Dorr、Kevin Dorst、Jimmy Doyle、Nicole Dular、Steve Engstrom、Jess Enoch、Kathryn Geismar、Lyndal Grant、Donald Gray、Simone Gubar、Susan Gubar、Joshua Hancox、Caspar Hare、James Harold、Sally Haslanger、Zena Hitz、Harold Hodes、Brad Inwood、Abby Jaques、

Anja Jauernig、Matthias Jenny、Shelly Kagan、John Keller、Simon Keller、Michael Kessler、Jim Klagge、Hilary Kornblith、Kris McDaniel、Sam Mitchell、Dick Moran、Dan Morgan、Jessica Moss、Daniel Muñoz、Evgenia Mylonaki、Richard Neer、Philip Nel、Hille Paakkunainen、Annalisa Paese、Japa Pallikkathayil、Steve Petersen、Philip Reed、Karl Schafer、Tamar Schapiro、Sam Scheffler、Suneil Setiya、Michael Smith、Jack Spencer、Amia Srinivasan、Jason Stanley、Daniel Star、Robert Steel、Galen Strawson、Judy Thomson、Katia Vavova、Benjamin Wald、Tom Wartenberg、Quinn White、以及Leo Zaibert。另外還要感謝University of Toronto、Johns Hopkins、Union College、the University of Tennessee、the Creighton Club、Yale University、Mount Holyoke、Tulane University、the University of Pittsburgh與MIT的聽眾。如有任何遺漏之處，請容我在此說聲抱歉。

我要特別向我的編輯Rob Tempio表達感激，他的熱情與敏銳的眼光從頭到尾都極為重要。Brad Skow閱讀了最初寫就的每一章草稿。他的睿智見解是我完成本書的重要激勵與指引。Andrew Miller是首份完整初稿的第一位讀者。我非常感謝他的慷慨幫忙、洞察力，以及他對各種中年危機假設中事實與虛構的敏銳判斷。Ian Blecher在我需要的時候提供了支持，並針對風格與結構提出明智的建議；我應該要採納他更多的建議。Sara Ellenbogen對於文字的編輯工作表現得非常出色。最後，也要感謝普林斯頓大學出版社的匿名讀者，他們充滿建設性的評語促成了本書大大小小的改變。

最後，還有Marah，她以極大的包容，但偶爾也難免有些不耐地聆聽了一份接一份草稿的片段內容。我完全信任她身為作家的直覺，也羨慕她的文筆，並且她在忙著寫自己書的同時，忍受了我滿腦子只關心自己的自私表現。如同彌爾對哈莉特．泰勒的描述：她的「智識天賦服務於我所見過最高尚且最平衡的道德品格」。能與她一起度過中年，是我莫大的幸運。Marah，感謝妳為我帶來的一切。為我們的人生下半場乾杯。

Nachman (Amherst: Humanity Books, 1988), 35。
18. Cartwright, *Schopenhauer*, 266–69.
19. Cartwright, *Schopenhauer*, 273–74.
20. *Bhagavad Gita*, translated by Laurie L. Patton (London: Penguin, 2008), 29.
21. Donald J. Lopez, *The Scientific Buddha* (New Haven: Yale University Press, 2012), 59.
22. Lopez, *Scientific Buddha*, 84, 87.
23. Bhikkhu Bodhi, *The Noble Eightfold Path* (Onalaska: Pariyatti, 2006), 108–10; Bhante Gunaratana, *Mindfulness in Plain English* (Boston: Wisdom, 2002), 138.
24. Gilbert Ryle, *The Concept of Mind* (London: Penguin, 2000), 15.
25. Georg Lichtenberg, *The Waste Books*, ed. R. J. Hollingdale (New York: New York Review Books, 2000), Notebook K: 18, 190.
26. Alan Watts, *The Wisdom of Insecurity* (New York: Vintage, 2011), 49.
27. Watts, *Wisdom of Insecurity*, 84.
28. Stephen Batchelor, *Buddhism without Beliefs* (London: Penguin, 1998), 78–79.
29. Batchelor, *Buddhism without Beliefs*, 104.
30. Ellen J. Langer, *Mindfulness* (Boston: Da Capo, 2014).
31. Jon Kabat-Zinn, *Full Catastrophe Living* (New York: Bantam, 2013).
32. Eckhart *Tolle, The Power of Now* (Vancouver: Namaste, 1997), 67–68.
33. Tolle, *Power of Now*, 52, 62.
34. Albert Camus, *The Myth of Sisyphus* (London: Penguin, 2000), 122–23.
35. Susan Wolf, *Meaning in Life and Why It Matters* (Princeton: Princeton University Press, 2010), 23–24.

結尾

1. John Stuart Mill, *Autobiography* (London: Penguin, 1989), 117.
2. Elliott Jaques, "Death and the Mid-Life Crisis," *International Journal of Psychoanalysis* 46 (1965): 502–14, 506.
3. John Berger, *Bento's Sketchbook* (New York: Pantheon, 2011), 79–80.

以及Mark Siderits的*Buddhism as Philosophy* (Indianapolis: Hackett, 2007)。Donald J. Lopez的*The Scientific Buddha* (New Haven: Yale University Press, 2012)是一本趣味盎然且包羅廣泛的論著，反對世俗社會對於佛教傳統的挪用。關於有意義的人生這一主題，我推薦Susan Wolf簡單扼要而又引人入勝的著作*Meaning in Life and Why It Matters* (Princeton: Princeton University Press, 2010)。最後，進行正念練習的一個好方法，是透過UCLA Mindful Awareness Research Center提供的引導式冥想，可在iTunes上免費取得。

1. Stewart Lee, "Shilbottle," *Stewart Lee's Comedy Vehicle*, series 3, episode 1, directed by Tim Kirkby, aired March 1, 2014, (London: Awkward Films, 2014), DVD.
2. David E. Cartwright, *Schopenhauer: A Biography* (Cambridge: Cambridge University Press, 2010), 32–33.
3. Cartwright, *Schopenhauer*, 78.
4. Cartwright, *Schopenhauer*, 88.
5. Cartwright, *Schopenhauer*, 236.
6. Arthur Schopenhauer, *The World as Will and Representation,* Volume I, trans. E. F. J. Payne (New York: Dover, 1969), 312.
7. Bernard Comrie, *Aspect* (Cambridge: Cambridge University Press, 1976), § 2.2.
8. Aristotle, *Metaphysics* 9.6, 1048b18-34，譯文取自Aryeh Kosman, *The Activity of Being* (Cambridge: Harvard University Press, 2013), 40。
9. Kosman, *Activity of Being*, 67.
10. Schopenhauer, *World as Will and Representation*, Volume I, 196.
11. Max Weber, *The Protestant Ethic and the Spirit of Capitalism* (London: Penguin, 2002).
12. Rachel Cusk, *Outline* (London: Vintage, 2015), 99–100.
13. Leo Tolstoy, *Anna Karenina*, trans. Louis and Aylmer Maude (Oxford: Oxford University Press, 1998), 462.
14. Bernard Williams, "Persons, Character, and Morality," *Moral Luck* (Cambridge: Cambridge University Press, 1981), 1–19, 5, 7.
15. Aristotle, *Metaphysics* 9.6, 1048b18-34，譯文取自Kosman, *Activity of Being*, 40。
16. Cusk, *Outline*, 123.
17. Rabbi Nachman (1772-1810)，轉引自Martin Buber, *The Tales of Rabbi*

17. Yalom, *Staring at the Sun*, 81–82.
18. Derek Parfit, *Reasons and Persons* (Oxford: Oxford University Press, 1984), 165–6.
19. Parfit, *Reasons and Persons*, 165.
20. Anthony Brueckner and John Martin Fischer, "Why Is Death Bad?", *Philosophical Studies*, 50 (1986), 213–21.
21. Parfit, *Reasons and Persons*, 175–76.
22. Parfit, *Reasons and Persons*, 175.
23. Miguel de Unamuno, *The Tragic Sense of Life in Men and Nations*, trans. Anthony Kerrigan (Princeton: Princeton University Press, 1972), 51.
24. Bernard Williams, "The Makropulos Case: Reflections on the Tedium of Immortality," *Problems of the Self* (Cambridge: Cambridge University Press, 1973), 82–100.
25. Martha Nussbaum, "Mortal Immortals: Lucretius on Death and the Voice of Nature," *Philosophy and Phenomenological Research* 50 (1989), 303–51, 335–43; Samuel Scheffler, "Fear, Death, and Confidence," *Death and the Afterlife*, ed. Niko Kolodny (Oxford: Oxford University Press, 2013), 83–110.
26. Gobeil, "Simone de Beauvoir: An Interview," 37.
27. Stephen Mitchell, *Gilgamesh: A New English Version* (New York: Free Press, 2006), 159.
28. Philip Larkin, "Aubade," *Collected Poems*, ed. Anthony Thwaite (London: Faber & Faber, 2003), 190–91, 190.

第六章　活在當下

在本書提出的各式各樣推薦作品當中，你如果只接受一個，那就選擇史都華・李的單口喜劇吧。他在二〇〇九年演出的*If You Prefer a Milder Comedian, Please Ask for One*（導演為Tim Kirkby [New York: Comedy Central, 2010], DVD），是一部深入探討記憶、懷舊與中年的作品。觀眾如果不是英國人，可能會聽不懂其中的部分典故。或許比較平易近人但同樣精采的另一場表演則是*Stewart Lee's Comedy Vehicle*第三集（導演為Tim Kirkby [London: Awkward Films, 2014], DVD）。關於叔本華，試試閱讀*Essays and Aphorisms*，編纂者為R. J. Hollingdale (London: Penguin, 1970)，這是*Parerga and Paralipomena*中的精選。介紹佛教的哲學著作，包括Christopher Gowans的*Philosophy of the Buddha* (New York: Routledge, 2003)

我汲取了關於永生與過度渴望的觀點、對死亡的恐懼不只有一個來源的想法，以及依附和失落的關係。此外，我也更進一步，把喪失親友之痛與人類生命尊嚴連結起來，並探究我們對自身的情感依附。

1. Simone de Beauvoir, *Force of Circumstance*, trans. Richard Howard (New York, NY: Putnam, 1965), 658.
2. Simone de Beauvoir, *The Second Sex*, trans. H. M. Parshley (London: Jonathan Cape, 1953), 267.
3. Miranda Fricker, "Life-Story in Beauvoir's Memoirs," *Cambridge Companion to Simone de Beauvoir*, ed. Claudia Card (Cambridge: Cambridge University Press, 2003), 208–27.
4. Madeleine Gobeil, "Simone de Beauvoir: An Interview," *Paris Review* 35 (1965), 23–40, 36.
5. Gobeil, "Simone de Beauvoir: An Interview," 37.
6. Beauvoir, *Force of Circumstance*, 658.
7. Elliott Jaques, "Death and the Mid-Life Crisis," *International Journal of Psychoanalysis* 46 (1965): 502–14, 506.
8. Jaques, "Death and the Mid-Life Crisis," 506.
9. Michel de Montaigne, "To Philosophize Is to Learn How to Die," *The Complete Essays*, trans. M. A. Screech (London: Penguin, 2003), 89–108.
10. Michel de Montaigne, "On Physiognomy," *The Complete Essays*, trans. M. A. Screech (London: Penguin, 2003), 1173–1206, 1190.
11. Epicurus, "Letter to Menoeceus," *Epicurus: The Extant Remains*, trans. Cyril Bailey (Oxford: Oxford University Press, 1926), 82–93, 85.
12. Irvin D. Yalom, *Staring at the Sun: Overcoming the Terror of Death* (San Francisco: Jossey-Bass, 2008), 78–79.
13. Stephen Greenblatt, *The Swerve: How the World Became Modern* (New York: Norton, 2011), 54–55.
14. Lucretius, *On the Nature of Things*, trans. Martin Ferguson Smith (Indianapolis: Hackett, 2001), Book III: 972–7.
15. Vladimir Nabokov, *Speak, Memory: An Autobiography Revisited* (New York: Vintage, 1989), 19.
16. Nabokov, *Speak, Memory*, 19.

Diego: Harcourt Brace, 1978), 221.
14. *The Diary of Virginia Woolf, Volume* 3: 1925–1930, ed. Anne Olivier Bell (San Diego: Harcourt Brace, 1980), 217.
15. Virginia Woolf, *To the Lighthouse* (San Diego: Harcourt Brace, 1981), 68–69.
16. Robert Adams, "Existence, Self-Interest, and the Problem of Evil," *Noûs* 13 (1979), 53–65, 64.
17. Plato, *Protagoras*, trans. Stanley Lombardo and Karen Bell (Indianapolis: Hackett, 1992), 358d.
18. Herbert A. Simon, "Rational Choice and the Structure of the Environment," *Psychological Review* 63 (1956), 129–38.
19. Schwartz, *Paradox of Choice*, chapter 4.
20. Immanuel Kant, *Groundwork of the Metaphysics of Morals*, trans. Mary Gregor (Cambridge: Cambridge University Press, 1998), 46–47.
21. Michael Bratman, *Intention, Plans, and Practical Reason* (Cambridge: Harvard University Press, 1987), 23–27.
22. Iris Murdoch, *The Sovereignty of Good* (New York: Routledge, 2001), 45.
23. Virginia Woolf, "Modern Fiction," *The Common Reader* (San Diego: Harcourt Brace, 1984), 146–54, 150.
24. Kureishi, *Intimacy*, 50.
25. Thomas Gray, "Ode on a Distant Prospect of Eton College," *The Complete Poems of Thomas Gray*, ed. H. W. Starr and J. R. Hendrikson (Oxford: Oxford University Press, 1966), 10.

第五章　一些盼望

我是在Susan Neiman的*Why Grow Up?* (London: Penguin, 2014)這部探討成年的哲學的著作裡，讀到波娃自傳裡那段文字。關於蒙田的中年危機，以及他針對中年危機問題所提出的許多答案，Sarah Bakewell的*How to Live* (London: Chatto & Windus, 2010)是一部絕佳入門著作。關於對死亡的恐懼，我推薦三篇由哲學家所寫的文章：Thomas Nagel的"Death"（收錄於*Mortal Questions* [Cambridge: Cambridge University Press, 1991], 1-10），Kai Draper的"Disappointment, Sadness, and Death" (*Philosophical Review* 108 [1999], 387-414)以及Samuel Scheffler的"Fear, Death, and Confidence"（收錄於*Death and the Afterlife*, ed. Niko Kolodny [Oxford: Oxford University Press, 2013], 83-110）。從Draper的文章中，

21. Steven Wright, *I Have a Pony,* Warner Brothers B001VFM5ZG, 2009, CD.
22. Barry Schwartz, *The Paradox of Choice* (New York: HarperCollins, 2004), 125.
23. Schwartz, *Paradox of Choice*, chapter 6.
24. Meghan Daum, *The Unspeakable* (New York: Farrar, Straus and Giroux, 2014), 88.

第四章　追悔

我之所以會察覺到吳爾芙與本章主題的關連，必須感謝文學評論家Andrew Miller。我引用的吳爾芙日記內容，即是轉引自他的抒情散文"The One Cake, the Only Cake" (*Michigan Quarterly Review* 51 [2012], 167-86)。這篇散文值得本書讀者找來一看。R. Jay Wallace所寫的*The View from Here* (Oxford: Oxford University Press, 2013)延續了羅伯特．亞當斯的思路，以尖銳又引人入勝的方式檢視了依附與後悔的倫理學。關於本章提出的觀點，更詳細的探討請見拙文"Retrospection" (*Philosophers' Imprint* 16 [2016], 1-15)以及"The Ethics of Existence" (*Philosophical Perspectives* 28 [2014], 291-301)。

1. Richard Ford, *The Sportswriter* (New York: Vintage, 1995), 4.
2. William Faulkner, *Requiem for a Nun* (New York: Vintage, 2012), 73.
3. R. Jay Wallace, *The View From Here: On Affirmation, Attachment, and the Limits of Regret* (Oxford: Oxford University Press, 2013), 98–99.
4. Janet Landman, *Regret: The Persistence of the Possible* (Oxford: Oxford University Press, 1993), 93–94.
5. Landman, *Regret*, 93.
6. David Foster Wallace, *The Pale King* (New York: Little, Brown, 2011), 546.
7. Hanif Kureishi, *Intimacy* (London: Faber & Faber, 1999), 4.
8. Larissa MacFarquhar, "How to Be Good," *New Yorker*, September 5, 2011, 43–53.
9. Derek Parfit, "Rights, Interests, and Possible People," *Moral Problems in Medicine*, ed. Samuel Gorovitz et al. (New York: Prentice Hall, 1976), 369–75.
10. Wallace, *View From Here*, 75–77.
11. Wallace, *View From Here*, 251，但他是以一場虛構的戰爭為例。
12. James Gleick, *Chaos: Making a New Science* (London: Penguin, 1988).
13. *The Diary of Virginia Woolf, Volume* 2: 1920–1924, ed. Anne Olivier Bell (San

1. Richard Russo, *Straight Man* (New York: Random House, 1997); Saul Bellow, *Herzog* (New York: Viking, 1964); Richard Yates, *Revolutionary Road* (New York: Little, Brown, 1961).
2. U.S. Bureau of Labor Statistics, http://www.bls.gov/news.release/pdf/nlsoy.pdf.
3. William Styron, *Sophie's Choice* (New York: Random House, 1979).
4. Jean-Paul Sartre, *Existentialism Is a Humanism* (New Haven: Yale University Press, 2007), 30–31.
5. Jeremy Bentham, *A Fragment on Government* (Cambridge: Cambridge University Press, 1988), 3.
6. John Stuart Mill, "Bentham," *Utilitarianism and Other Essays*, ed. Alan Ryan (London: Penguin, 1987), 132–76, 173–4.
7. Plato, *Philebus*, trans. Dorothea Frede (Indianapolis: Hackett, 1993), 21c.
8. George Steiner, *Nostalgia for the Absolute* (Toronto: House of Anansi, 2004).
9. Janet Maslin, "A Strikeout with Love and God," *New York Times*, September 16, 2014.
10. Fyodor Dostoevsky, *Notes from Underground*, trans. Constance Garnett (Indianapolis: Hackett, 2009), 11.
11. Joshua Ferris, *To Rise Again at a Decent Hour* (New York: Little, Brown, 2014), 21.
12. "Martin Amis's Big Deal Leaves Literati Fuming," *New York Times*, January 31, 1995。Amis後來完整講述了這段經歷，見他的*Experience: A Memoir* (New York: Vintage, 2001)。
13. Martin Amis, *The Information* (New York: Vintage, 1995), 30.
14. Nora Ephron, *I Feel Bad about My Neck* (New York: Knopf, 2008), 124.
15. Ferris, *To Rise Again at a Decent Hour*, 81.
16. Ferris, *To Rise Again at a Decent Hour*, 42.
17. Gerald Dworkin, "Is More Choice Better Than Less?" *Midwest Studies in Philosophy* 7 (1982), 47–61, 60.
18. Dostoevsky, *Notes from Underground*, 20.
19. David Nobbs, *The Death of Reginald Perrin* (London: Victor Gollancz, 1975)；改編影集*The Fall and Rise of Reginald Perrin*播放於BBC1頻道，由Leonard Rossiter主演。
20. Nobbs, *Death of Reginald Perrin*, 35–36.

23. Mill, *Autobiography*, 122.
24. Mill, *Autobiography*, 121.
25. Mill, *Autobiography*, 121.
26. Aristotle, *Nicomachean Ethics*, 1177b5–16.
27. Mill, *Autobiography*, 120.
28. Aristotle, *Nicomachean Ethics*, 1097a32–4, 1177b15–16.
29. Mill, *Autobiography*, 121.
30. Aristotle, *Nicomachean Ethics*, 1177b3–4.
31. Aristotle, *Nicomachean Ethics*, 1097a33–5.
32. Aristotle, *Nicomachean Ethics*, 1177b5–7.
33. Mill, *Autobiography*, 121.
34. Mill, *Autobiography*, 121.
35. Mill, *Autobiography*, 120.
36. Arthur Schopenhauer, "On the Suffering of the World," *Essays and Aphorisms*, trans. R. J. Hollingdale (London: Penguin, 1970), 41–50, 43.
37. Aristotle, *Eudemian Ethics*, trans. Anthony Kenny (Oxford: Oxford University Press, 2013), 1245a20–22.
38. Mill, *Autobiography*, 121.
39. Aristotle, *Nicomachean Ethics*, 1178b11–17.
40. Aristotle, *Nicomachean Ethics*, 1177b32–1178a2.
41. Wordsworth, "Ode: Intimations of Immortality," 158.
42. George Orwell, *Collected Essays, Journalism and Letters, Volume IV: 1945–1950*, ed. Sophia Orwell and Ian Angus (London: Mariner Books, 1971), 515.

第三章　錯失

關於不可共量性的哲學陳述，有 Michael Stocker, *Plural and Conflicting Values* (Oxford: Oxford University Press, 1992) 與 Thomas Hurka, "Monism, Pluralism, and Rational Regret" (*Ethics* 106 [1996], 555-75)，兩者都對我在此處的討論有所啟發。（但我們在術語的使用上有明顯不同：不是每個人都對「不可共量性」採取和我一樣的定義。）關於選項的價值，我在此處的討論必須歸功於 Gerald Dworkin, "Is More Choice Better Than Less?" (*Midwest Studies in Philosophy* 7 [1982], 47-61)。他的這篇論文啟發了我書中提到歐羅克、佩林與地下室人那些段落的論述。除了哲學以外，我也推薦本章提及的小說，包括我沒能詳加討論的那些在內。

1. Jeremy Bentham, *A Fragment on Government* (Cambridge: Cambridge University Press, 1988), 3.
2. Isaiah Berlin, "John Stuart Mill and the Ends of Life," *Four Essays on Liberty* (Oxford: Oxford University Press, 1990), 175.
3. John Stuart Mill, *Autobiography* (London: Penguin, 1989), 112.
4. Mill, *Autobiography*, 145.
5. Mill, *Autobiography*, 184, 147.
6. Mill, *Autobiography*, 148.
7. Mill, *Autobiography*, 116–7.
8. Mill, *Autobiography*, 117.
9. Joseph Butler, *Five Sermons*, ed. Stephen Darwall (Indianapolis: Hackett, 1983).
10. "Beheaded Syrian Scholar Refused to Lead Isis to Hidden Palmyra Antiquities," *Guardian*, August 19, 2015.
11. Larissa MacFarquhar, *Strangers Drowning* (New York: Penguin, 2015), 189–91.
12. Jackie Robinson, *I Never Had It Made, with Alfred Duckett* (New York: Putnam, 1972), 266.
13. Aristotle, *Nicomachean Ethics,* trans. W. D. Ross and Lesley Brown (Oxford: Oxford University Press, 2009), 1094a20–22.
14. W. H. Auden, *Prose, Volume II: 1939–1948*, ed. Edward Mendelson (Princeton: Princeton University Press, 2002), 347.
15. Leo Tolstoy, "A Confession," *A Confession and Other Religious Writings*, trans. Jane Kentish (London: Penguin, 1987), 29.
16. Tolstoy, "Confession," 30.
17. Mill, *Autobiography*, 118.
18. James *Anthony Froude, Thomas* Carlyle: A History of His Life in London, 1834–1881, Vol. II (New York: Charles Scribner's Sons, 1910), 420.
19. Mill, *Autobiography*, 121.
20. Mill, *Autobiography*, 122
21. William Wordsworth, "Ode: Intimations of Immortality from Recollections of Early Childhood," *Selected Poems*, ed. Stephen Gill (London: Penguin, 2004), 157–63, 163.
22. Mill, *Autobiography*, 121.

29. Alexander Weiss, James E. King, Miho Inoue-Murayama, Tetsuro Matsuzawa, and Andrew J. Oswald, "Evidence for a Midlife Crisis in Great Apes Consistent with the U-shape in Human Well-Being," *Proceedings of the National Academy of Sciences* 109 (2012), 19949–52.
30. Hannes Schwandt, "Why So Many of Us Experience a Midlife Crisis," Harvard Business Review, April 20, 2015, https://hbr.org/2015/04/why-so-many-of-us-experience-a-midlife-crisis.
31. Susan K. Whitbourne, Taylor R. Lewis, and Seth J. Schwartz, "Meaning in Life and Subjective Well-Being across Adult Age Groups," paper presented at the 2015 Annual Convention of the American Psychological Association.
32. Jaques, "Death and the Mid-Life Crisis," 504.
33. Richard M. Ryan and Edward L. Deci, "On Happiness and Human Potentials: A Review of Research on Hedonic and Eudaimonic Well-Being," *Annual Review of Psychology* 52 (2001), 141–66.
34. Immanuel Kant, *Critique of Pure Reason*, trans. Paul Guyer and Allen W. Wood (Cambridge: Cambridge University Press, 1998), A805/B833.
35. Aristotle, *Nicomachean Ethics*, trans. W. D. Ross and Lesley Brown (Oxford: Oxford University Press, 2009), 1100a10–1101b9.
36. Sheehy, *Passages*, 401.
37. Blanchflower and Oswald, "Is Well-Being U-Shaped?", 1741.

第二章　人生就這樣了？

Nicomachean Ethics 有個易於閱讀的版本，在Oxford World's Classics系列中，原本由W. D. Ross翻譯，Lesley Brown修訂(Oxford: Oxford University Press, 2009)。在思考亞里斯多德關於終極性（finality）的論述時，我參考了Christine Korsgaard的兩篇論文，"Aristotle and Kant on the Source of Value"以及"Two Distinctions in Goodness"，均收錄於*Creating the Kingdom of Ends* (Cambridge: Cambridge University Press, 1996)，另外也參考了Gavin Lawrence, "Aristotle on the Ideal Life" (*Philosophical Review* 102 [1993], 1-34)，以及Gabriel Richardson Lear, *Happy Lives and the Highest Good* (Princeton: Princeton University Press, 2004)。更廣泛的亞里斯多德倫理學介紹，可以參見John Cooper的*Pursuits of Wisdom* (Princeton: Princeton University Press, 2012)第三章，將他置於古典時代背景中進行討論。

12. James Hollis, *The Middle Passage* (Toronto: Inner City Books, 1993), 54.
13. Edmund Bergler, *The Revolt of the Middle-Aged Man* (New York: A. A. Wyn, 1954).
14. Daniel J. Levinson, *The Seasons of a Man's Life* (New York: Ballantine, 1978).
15. Roger L. Gould, *Transformations: Growth and Change in Adult Life* (New York: Simon and Schuster, 1978).
16. Gail Sheehy, *Passages* (New York: Ballantine, 1976).
17. Erik H. Erikson, *Childhood and Society* (New York: Norton, 1950).
18. Barbara Fried, *The Middle-Age Crisis* (New York: Harper & Row, 1967), vii.
19. Joseph Heller, *Something Happened* (New York: Knopf, 1974); Doris Lessing, *The Summer before the Dark* (London: Jonathan Cape, 1973).
20. Orville G. Brim, Carol D. Ryff, and Ronald D. Kessler, "The MIDUS National Survey: An Overview," *How Healthy Are We? A National Study of Well-Being at Midlife*, ed. Orville G. Brim, Carol D. Ryff, and Ronald D. Kessler (Chicago: University of Chicago Press, 2004), 1–36, 22.
21. Brim, Ryff, and Kessler, "The MIDUS National Survey," 22.
22. Elaine Wethington, Hope Cooper, and Carolyn Homes, "Turning Points in Midlife," *Stress and Adversity over the Life Course: Trajectories and Turning Points*, ed. Ian H. Gotlib and Blair Wheaton (Cambridge: Cambridge University Press, 1997), 215–31.
23. Carolyn M. Aldwin and Michael R. Levenson, "Stress, Coping, and Health at Midlife: A Developmental Perspective," *Handbook of Midlife Development*, ed. Margie E. Lachman (New York: Wiley, 2001), 188–215, 188.
24. Jutta Heckhausen, "Adaptation and Resilience in Midlife," *Handbook of Midlife Development*, ed. Margie E. Lachman (New York: Wiley, 2001), 345–94, 345.
25. Susan K. Whitbourne, *The Search for Fulfillment* (New York: Ballantine, 2010), 160–8.
26. George Miller Beard, *American Nervousness* (New York: Putnam, 1881).
27. David Blanchflower and Andrew Oswald, "Is Well-Being U-Shaped over the Life Cycle?" *Social Science & Medicine* 66 (2008), 1733–49.
28. Terence Cheng, Nattavudh Powdthavee, and Andrew J. Oswald, "Longitudinal Evidence for a Midlife Nadir in Human Well-Being: Results from Four Data Sets," *Economic Journal,* forthcoming.

注釋

引言

1. Joseph Telushkin, *Hillel: If Not Now, When?* (New York: Schocken, 2010), 18.
2. Aaron Garrett, "Seventeenth-Century Moral Philosophy: Self-Help, Self-Knowledge, and the Devil's Mountain," *Oxford Handbook of the History of Ethics*, ed. Roger Crisp (Oxford: Oxford University Press, 2013), 230–79.

第一章　中年危機簡史

關於中年的歷史與哲學，有兩本書值得推薦：Christopher Hamilton所寫的*Middle Age* (Durham: Acumen, 2009)，以及Patricia Cohen的*In Our Prime: The Invention of Middle Age* (New York: Scribner, 2012)。

1. Philip Larkin, "Annus Mirabilis," Collected Poems, ed. *Anthony Thwaite* (London: Faber & Faber, 2003), 146.
2. Elliott Jaques, "Death and the Mid-Life Crisis," *International Journal of Psychoanalysis* 46 (1965): 502–14.
3. Jaques, "Death and the Mid-Life Crisis," 506.
4. *American Beauty*, directed by Sam Mendes (Burbank: Warner Brothers, 1999).
5. John Williams, *Stoner* (New York: New York Review Books, 2003), 181.
6. Albert Camus, *The Myth of Sisyphus* (London: Penguin, 2000), 13.
7. H. G. Wells, *The History of Mr. Polly* (London: Thomas Nelson, 1910).
8. Philippe Ariès, *Western Attitudes toward Death* (Baltimore: Johns Hopkins University Press, 1974), 42–44.
9. Dante Alighieri, *Inferno*, trans. Robert Pinsky (New York: Farrar, Straus and Giroux, 1994), 3.
10. Mary Dove, *The Perfect Age of Man's Life* (Cambridge: Cambridge University Press, 1986), 28.
11. Jane Polden, *Regeneration: Journey through the Mid-Life Crisis* (London: Continuum, 2002), 7.

春山之巔
030

中年哲學

寫給所有與不可逆的時間搏鬥的人

Midlife: A Philosophical Guide

作　　者　基倫・賽提亞（Kieran Setiya）
譯　　者　陳信宏
總 編 輯　莊瑞琳
責任編輯　盧意寧
行銷企畫　甘彩蓉
業　　務　尹子麟
封面設計　丸同連合 Studio
內頁排版　丸同連合 Studio
法律顧問　鵬耀法律事務所戴智權律師

出　　版　春山出版有限公司
地址　11670臺北市文山區羅斯福路六段297號10樓
電話　02-29318171
傳真　02-86638233

總 經 銷　時報文化出版企業股份有限公司
地址　33343桃園市龜山區萬壽路二段351號
電話　02-23066842

製　　版　瑞豐電腦製版印刷股份有限公司
印　　刷　搖籃本文化事業有限公司
初版一刷　2024年09月
I S B N　978-626-7478-20-2（紙本）
978-626-7478-19-6（PDF）
978-626-7478-18-9（EPUB）

定　　價　420元

填寫本書線上回函

春山出版
Email　SpringHillPublishing@gmail.com
Facebook　www.facebook.com/springhillpublishing/

國家圖書館預行編目資料

中年哲學：寫給所有與不可逆的時間搏鬥的人／基倫.賽提亞（Kieran Setiya）作；陳信宏譯.
－初版.－臺北市：春山出版有限公司，2024.09，256面；14.8×21公分.－（春山之巔；30）
譯自：Midlife : a philosophical guide
ISBN 978-626-7478-20-2（平裝）

1.CST：中年危機　2.CST：人生哲學　3.CST：生活指導
191.9　　113010907

World as a Perspective

世界作為一種視野